MULTIMÍDIA FORENSE
tecnologias e segurança dos dados digitais

Luis José Rohling

MULTIMÍDIA FORENSE
tecnologias e segurança dos dados digitais

Dados Internacionais de Catalogação na Publicação (CIP)
(Câmara Brasileira do Livro, SP, Brasil)

Rohling, Luis José
Multimídia forens: tecnologias e segurança
dos dados digitais / Luis José Rohling. Curitiba, PR:
InterSaberes, 2025.

Bibliografia.
ISBN 978-85-227-1675-3

1. Computadores - Medidas de segurança 2. Crime
por computador - Investigação 3. Crime por computador - Legislação - Brasil 4. Crime por computador -
Prevenção I. Título.

25-247841   CDU-34:004

Índices para catálogo sistemático:
1. Multimídia forense: Direito digital 34:004

Cibele Maria Dias - Bibliotecária - CRB-8/9427

1ª edição, 2025
Foi feito o depósito legal.

Informamos que é de inteira responsabilidade do autor a emissão de conceitos.

Nenhuma parte desta publicação poderá ser reproduzida por qualquer meio ou forma sem a prévia autorização da Editora InterSaberes.

A violação dos direitos autorais é crime estabelecido na Lei n. 9.610/1998 e punido pelo art. 184 do Código Penal.

Rua Clara Vendramin, 58
Mossunguê . CEP 81200-170
Curitiba . PR . Brasil
Fone: (41) 2106-4170
www.intersaberes.com
editora@intersaberes.com

Conselho editorial
— Dr. Alexandre Coutinho Pagliarini
— Drª. Elena Godoy
— Dr. Neri dos Santos
— Mª. Maria Lúcia Prado Sabatella

Editora-chefe
— Lindsay Azambuja

Gerente editorial
— Ariadne Nunes Wenger

Assistente editorial
— Daniela Viroli Pereira Pinto

Preparação de originais
— Gilberto Girardello Filho

Edição de texto
— Arte e Texto
— Monique Francis Fagundes Gonçalves

Capa
— Sílvio Gabriel Spannenberg
— The7Dew, Remigiusz Gora e BEST-BACKGROUNDS/ Shutterstock (imagens)

Projeto gráfico
— Iná Trigo (design)
— Sílvio Gabriel Spannenberg (design)
— best_vector e Sooa/Shutterstock (imagens)

Diagramação
— Carolina Perazzoli

Designer responsável
— Ana Lucia Cintra

Iconografia
— Regina Claudia Cruz Prestes

sumário

apresentação _____ 7
como aproveitar ao máximo este livro _____ 10

1 O mundo da computação forense _____ 14
  1.1 O profissional de computação forense _____ 16
  1.2 Certificação EC-Council _____ 20
  1.3 Evolução da investigação forense _____ 21
  1.4 Objetivos da computação forense _____ 23
  1.5 Crimes cibernéticos _____ 24
  1.6 Execução dos crimes cibernéticos _____ 25
  1.7 Etapas da investigação forense no rastreamento de crimes cibernéticos _____ 27
  1.8 Computação forense: regras, procedimentos e questões legais _____ 29
  1.9 Gerenciamento de dados (*backup,* retenção, preservação) _____ 35

2 Ferramentas de computação forense e dispositivos de armazenamento de dados _____ 42
  2.1 Introdução _____ 44
  2.2 Ferramentas para a computação forense _____ 45
  2.3 *Softwares* forenses _____ 51
  2.4 Discos rígidos _____ 56
  2.5 Leitura e gravação em discos rígidos _____ 66

3 Sistemas de arquivos e análise de mídia _____ 76
  3.1 Sistemas de arquivos _____ 78
  3.2 Sistemas NTFS _____ 81
  3.3 Sistemas de arquivos Linux e MacOS _____ 89
  3.4 Sistema de arquivos para CD-ROM/DVD _____ 93
  3.5 Partições e *clusters* _____ 95
  3.6 Discos de inicialização e registros _____ 102

4 Dispositivos de mídia e processamento de imagens _____112
    4.1 Dispositivos de mídia digital _____114
    4.2 Arquivos de imagem _____130
    4.3 Processamento de imagens _____139
    4.4 Análise de imagens _____146

5 Segurança dos dados _____158
    5.1 *Malwares* _____160
    5.2 Atacantes *(hackers)* _____166
    5.3 Mecanismos de ataque _____170
    5.4 Dimensões da segurança _____173
    5.5 Funções de *hash* _____181
    5.6 Algoritmos de *hash* _____185

6 Criptografia dos dados _____194
    6.1 Criptografia _____196
    6.2 Algoritmo DES _____204
    6.3 Algoritmos 3DES e AES _____208
    6.4 Assinatura digital _____212
    6.5 Certificado digital _____221

considerações finais _____233
lista de siglas _____234
referências _____239
respostas _____241
sobre o autor _____251

apresentação

O título deste livro nos direciona para duas áreas bastante distintas: a área de perícia e investigação forense, abrangendo seus métodos e suas regras, e a área de tecnologia, já que nosso foco reside nas tecnologias do universo digital, em que encontramos diversos tipos de mídias que conterão as informações necessárias para o processo de investigação forense.

Sob essa perspectiva, ao longo desta jornada pela multimídia forense, estudaremos as diferentes tecnologias do mundo digital e de segurança cibernética. Isso porque os dados que servirão de base para a análise em um processo de investigação forense, na maioria dos casos, estarão protegidos por alguma das técnicas de segurança da informação.

No entanto, para ser um investigador forense, também é preciso desenvolver as habilidades exigidas pelo mercado e dispor dos devidos conhecimentos para realizar as atividades de análise e investigação, temas que serão trabalhados no Capítulo 1 desta obra, no qual também conheceremos o cenário de atuação dos profissionais da área.

Além de tais habilidades e conhecimentos, é imprescindível que as tarefas de análise e investigação forense sejam executadas de acordo com as regras e técnicas reconhecidas pela área de perícia, de modo a evitar que o trabalho realizado seja questionado na apresentação dos resultados em âmbito judicial. Em razão disso, estaremos sempre associando as tecnologias e ferramentas aos processos, legitimando a "legalidade" do trabalho.

Considerando o contexto do universo digital, os dados a serem analisados em um processo de investigação forense poderão estar protegidos em diferentes dispositivos e formatos. Por isso, vamos explorar as características físicas dessas mídias e, principalmente, a forma pela qual elas conduzem a organização dos dados – sendo esse o principal objetivo deste estudo. Nesse panorama, no Capítulo 2, identificaremos a necessidade de contarmos com ferramentas adequadas de *hardware* e *software* para acessar tais dispositivos de armazenamento. Também abordaremos a arquitetura física e lógica desses equipamentos, com vistas a reconhecer corretamente os padrões das interfaces, além da organização lógica dos dados resguardados nas diversas mídias digitais.

Dando sequência, no Capítulo 3, vamos compreender as principais diferenças entre os sistemas operacionais e a organização das informações nas mídias de armazenamento. Sob essa perspectiva, estudaremos os diferentes sistemas de arquivos, assim como a divisão lógica do espaço físico para o armazenamento dos discos. Estabelecer essa distinção é fundamental para a investigação de uma mídia digital, uma vez que, caso o perito não utilize o sistema correto, não lhe será possível interpretar adequadamente os dados que armazenados em determinada mídia.

Ademais, para entender a codificação utilizada para o armazenamento das informações nos dispositivos citados, apresentaremos, no Capítulo 4, alguns tipos de codificação de dados e imagens mais usuais, incluindo técnicas de codificação que visam ocultar informações, como a esteganografia.

Já no Capítulo 5, vamos aprimorar nossos conhecimentos relacionados à segurança dos dados. Isso porque o alvo de uma investigação forense pode ser o resultado de um dos vários tipos de crimes digitais de que trataremos nesse capítulo, incluindo os mecanismos de ataques e as possíveis técnicas de defesa e de proteção de informações. Nesse sentido, como peritos, seremos capazes de perceber possíveis falhas nos sistemas de segurança, o que certamente nos auxiliará a identificar o autor do delito digital.

Outras formas de codificação de dados digitais, voltadas à segurança da informação, seja na transmissão ou no armazenamento, dizem respeito às técnicas de criptografia, que estudaremos detalhadamente no Capítulo 6, juntamente com os algoritmos correlatos.

Afinal, em uma investigação forense, é absolutamente necessário ter acesso a tais dados, mesmo que estejam codificados. Por outro lado, a obtenção de informações, na perícia digital, poderá envolver o acesso aos dados mesmo sem a colaboração do usuário responsável por gerá-los, por meio de um processo de *hacking*.

Por fim, apresentaremos no capítulo 6 deste livro um recurso essencial para o trabalho de perícia digital: os certificados digitais. Eles podem ser empregados para "assinar" todos os documentos produzidos ao longo do processo de investigação e análise forense, bem como para garantir a autenticidade e a integridade das provas digitais que perfazem o conjunto de evidências digitais a servir de base para o trabalho do investigador forense.

Como você percebeu, trataremos de uma ampla variedade de tecnologias cujo estudo não se esgota no conteúdo apresentado neste livro. E temos que considerar que, quando você estiver lendo este livro, é bastante provável que já existam novas tecnologias sendo utilizadas, afinal, a evolução tecnológica é contínua e cada vez mais acelerada. Tendo isso em perspectiva, além do detalhamento adicional que pode ser explorado pela consulta às referências bibliográficas deste texto, recomendamos que você realize uma boa pesquisa das tecnologias mais atuais.

O mesmo raciocínio se aplica às ferramentas de *software* digital que podem ser empregadas para a análise forense digital. Vamos explorar algumas delas e abordar as tarefas que elas devem executar, mas indicamos que você procure conhecer ferramentas de outros fornecedores, as quais trazem outras funcionalidades úteis para a perícia forense digital.

como aproveitar ao máximo este livro

Empregamos nesta obra recursos que visam enriquecer seu aprendizado, facilitar a compreensão dos conteúdos e tornar a leitura mais dinâmica. Conheça a seguir cada uma dessas ferramentas e saiba como elas estão distribuídas no decorrer deste livro para bem aproveitá-las.

Conteúdos do capítulo
Logo na abertura do capítulo, relacionamos os conteúdos que nele serão abordados.

Após o estudo deste capítulo, você será capaz de:
Antes de iniciarmos nossa abordagem, listamos as habilidades trabalhadas no capítulo e os conhecimentos que você assimilará no decorrer do texto.

Síntese
Ao final de cada capítulo, relacionamos as principais informações nele abordadas a fim de que você avalie as conclusões a que chegou, confirmando-as ou redefinindo-as.

Para saber mais
Sugerimos a leitura de diferentes conteúdos digitais e impressos para que você aprofunde sua aprendizagem e siga buscando conhecimento.

Questões para revisão
Ao realizar estas atividades, você poderá rever os principais conceitos analisados. Ao final do livro, disponibilizamos as respostas às questões para a verificação de sua aprendizagem.

Questões para reflexão
Ao propor estas questões, pretendemos estimular sua reflexão crítica sobre temas que ampliam a discussão dos conteúdos tratados no capítulo, contemplando ideias e experiências que podem ser compartilhadas com seus pares.

a) O padrão dos cabos utilizados pelo HD que está sendo examinado, pois certos padrões não são mais compatíveis com os *softwares* forenses atuais.
b) A quantidade de discos contidos no HD, já que alguns sistemas operacionais atuais não suportam uma quantidade de discos maior que quatro unidades.
c) A formatação do disco original, porque nem sempre será possível fazer uma cópia desse disco, em virtude dessa formatação.
d) Verificar, além do cabo correto, se o HD está configurado como mestre ou escravo, no caso de HDs com interface ID (Integrated Drive Electronics).
5. A interface dos HDs atuais mais utilizada é a interface padrão SCSI (*Small Computer System Interface*), cuja principal vantagem, em relação ao padrão IDE (*Integrated Drive Electronics*), é a operação em barramento. Sobre isso, qual é a funcionalidade que esse recurso apresenta na composição de um sistema de armazenamento?

Questões para reflexão

1. É possível conduzir um serviço de computação forense sem ferramentas de *software* e *hardware*?
2. Agora que já sabemos como os dados são armazenados em um HD, é possível afirmar que podemos analisar, em um HD, tanto os dados atualmente armazenados como aqueles já removidos?
3. Na computação forense, podemos afirmar que as versões mais atuais do sistema operacional e das interfaces para conexão dos dispositivos de armazenamento de dados possibilitam a análise de todos os tipos de mídia de armazenamento de dados digitais?

Consultando a legislação
Listamos e comentamos nesta seção os documentos legais que fundamentam a área de conhecimento, o campo profissional ou os temas tratados no capítulo para você consultar a legislação e se atualizar.

Na área de segurança cibernética, como citamos anteriormente, o EC-Council é reconhecido como uma das principais instituições de certificação do segmento, ofertando diversas possibilidades de especialização profissional.
Ainda, além dos cursos de certificação, que têm um custo relativamente elevado, o EC-Council disponibiliza gratuitamente os materiais de estudo para as certificações chamadas de *Essentials Series*.
Alguns exemplos de certificações são:
• *Network Defense Essentials* (NDE).
• *Ethical Hacking Essentials* (BHE).
• *Digital Forensics Essentials* (DFE).
Você pode fazer o cadastro na página oficial do EC-Council e acessar os materiais disponibilizados pela instituição para essas certificações.

Consultando a legislação[2]
A Lei n. 13.709, de 14 de agosto de 2018, conhecida como *Lei Geral de Proteção de Dados Pessoais* (LGPD), introduz o conceito dos agentes de tratamento de dados, cuja atuação pode ser suportada pelas habilidades e pelos conhecimentos descritos no perfil profissional das certificações do EC-Council.

Síntese
Como profissionais da área de computação forense, temos de estar preparados para realizar a análise das provas digitais, adotando os procedimentos corretos e observando as normas pertinentes. Nesse contexto, as certificações profissionais de mercado são importantes, pois refletem as exigências legais e processuais referentes ao tratamento

[2] As orientações da LGPD se aplicam a todos os capítulos desta obra.

1

O MUNDO DA COMPUTAÇÃO FORENSE

Conteúdos do capítulo
- Aspectos relacionados à computação forense.
- Crimes cibernéticos.
- Gerenciamento de dados.

Após o estudo deste capítulo, você será capaz de:
1. entender quais são as principais atribuições de um profissional de computação forense e como as certificações profissionais colaboram com o reconhecimento das habilidades desse profissional;
2. identificar o cenário de atuação do profissional de computação forense, a evolução das tecnologias computacionais empregadas na investigação forense, bem como a dinâmica dos crimes cibernéticos;
3. indicar as principais etapas de um processo de investigação com a utilização da computação forense considerando as regras, os processos e as questões legais adequadas, além das técnicas de gerenciamento dos dados envolvidas nesse processo.

1.1 O profissional de computação forense

Se você pretende atuar no segmento de perícia, seja judicial, seja extrajudicial, certamente precisará estar preparado para trabalhar com mídias digitais, que são analisadas por profissionais da computação forense, também conhecida como *perícia digital*. Mas, o que é necessário para desempenhar as tarefas relacionadas a essa área e se manter cada mais em evidência no mercado?

Para se destacar nesse segmento, é possível fazer um dos diversos cursos de graduação ofertados por instituições de ensino devidamente credenciadas. Essas formações são estruturadas com o objetivo de formar profissionais para atuar especificamente na área, com titulação específica associada à computação forense.

Inclusive, se você está em posse deste material, é muito provável que esteja nessa jornada de preparação, e este livro faz parte dos conteúdos essenciais para um perito de computação forense.

Todavia, também existem profissionais com diversas formações que, agregadas, proporcionam os conhecimentos e as habilidades necessários para exercer a atividade de perito forense, tais como tecnologia da informação, segurança cibernética e outras.

Ainda, além da formação em um ou mais cursos, específicos ou complementares, é fundamental possuir certificações de mercado, disponibilizadas pelas organizações da área de tecnologia e de segurança da informação com o objetivo de garantir que os profissionais estejam aptos a atuar nos mais diversos segmentos. Esses certificados são obtidos por meio de uma prova de certificação e representam um verdadeiro diferencial.

Na área de computação forense, uma das principais certificações, amplamente valorizada no mercado, é a certificação CHFI (sigla para *Computer Hacking Forensics Investigator*), promovida pelo International Council of E-Commerce Consultants (EC-Council), uma organização, mundialmente difundida, que certifica os profissionais em várias atividades vinculadas ao comércio eletrônico (*e-business*) e à segurança da informação.

O nível de reconhecimento de uma certificação de mercado depende, em grande parte, do porte da organização responsável por emiti-lo, e o EC-Council é uma das instituições mais respeitadas nesse segmento de tecnologia.

Assim, em nosso estudo de multimídia forense, vamos considerar os requisitos definidos pelo EC-Council para a certificação CHFI, pois esses tópicos compõem a base de atuação de um perito em computação forense. Além disso, a fim de orientar sua preparação para adquirir essa certificação, apresentaremos as tecnologias e os processos que devem ser dominados.

1.1.1 Conhecimentos e habilidades necessárias

As práticas relativas à computação forense têm origem na ciência forense, relacionadas ao processo de coletar e examinar evidências ou materiais. Portanto, os procedimentos a serem seguidos são os mesmos, mas, em nosso caso, devem ser empregados no cenário do mundo digital.

Sob essa perspectiva, a perícia digital (ou *investigação forense computacional*) se concentra dentro do chamado *domínio digital*, o que inclui a computação forense, a análise forense de rede e a análise forense de dispositivos móveis.

Além das técnicas necessárias à execução de uma perícia judicial, à medida que a segurança cibernética é disseminada e estruturada, tais técnicas passam a ser utilizadas nas atividades voltadas à segurança das organizações, ampliando o campo de atuação do profissional de computação forense.

Desse modo, as práticas de investigação forense digital podem contribuir na investigação de ataques e anomalias nos sistemas computacionais das mais diversas empresas, bem como auxiliar os administradores de sistema a detectar comportamentos irregulares nos sistemas sob sua gestão.

Em outras palavras, não é somente o perito digital quem deve dominar as práticas da investigação digital, mas também os profissionais que administram os sistemas, para que possam intervir caso ocorra um incidente de segurança.

Nessa ótica, diante de um ataque ou incidente de segurança cibernética, é de fundamental importância que as investigações sejam realizadas em uma base forense sólida, a fim de manter intactas as provas, em se tratando de uma investigação criminal.

Atualmente, inúmeros ataques cibernéticos acontecem em todo o mundo, porém as investigações forenses são conduzidas de maneira inadequada e, em algumas situações, sequer são realizadas, impossibilitando que os criminosos cibernéticos sejam identificados ou processados judicialmente.

Considerando essa realidade, os profissionais de segurança cibernética que tiverem amplo conhecimento e domínio dos princípios da perícia digital são imprescindíveis para as equipes de tratamento e resposta a tais incidentes (Araújo, 2020). Você certamente poderá ser um desses profissionais, contanto que esteja devidamente preparado para executar as devidas atribuições.

Para tanto, acompanhe na sequência o que é cobrado para obter a certificação CHFI, que aborda os principais conceitos e práticas dos domínios forenses, apresentados a seguir, acompanhados de suas principais atividades:

- **Ciência forense**: Entender os diferentes tipos de crimes cibernéticos e listar os vários desafios atrelados às investigações forenses; compreender os fundamentos da computação forense e determinar as funções e responsabilidades dos investigadores forenses; conhecer e aplicar os conceitos e as regras de aquisição de dados, assim como os conceitos fundamentais e de funcionamento de bancos de dados, computação em nuvem, e-mails, IoT (*Internet of Things* – Internet da Coisas), *malware* e *dark web*.

- **Regulamentos, políticas e ética**: Compreender as regras e os regulamentos referentes à busca e apreensão das provas e ao exame de provas; conhecer as diferentes leis e questões legais que impactam as investigações forenses.

- **Provas digitais**: Reconhecer as características fundamentais e os diversos tipos de provas digitais; entender os conceitos fundamentais e o funcionamento dos sistemas operacionais para *desktop* e dispositivos móveis; trabalhar com diferentes tipos de registros e saber sua importância nas investigações forenses; compreender os vários padrões de codificação e análise de diferentes tipos de arquivos; conhecer o funcionamento do WAF (*Web Application Firewall*) e do banco de dados MySQL.

- **Procedimentos e metodologia**: Entender o processo de investigação forense, além da metodologia para adquirir dados de distintos tipos de evidências; ilustrar o exame de imagens e de evidência, bem como a correlação de eventos; explicar a *dark web* e o *malware* do ponto de vista forense.

- **Perícia digital**: Revisar as várias técnicas antiforenses e maneiras de derrotá-las; analisar os múltiplos arquivos associados a dispositivos Windows, Linux e Android; investigar diversos *logs* e executar análises forenses de rede para investigar ataques de rede; investigar diversos *logs* e executar análises forenses de aplicativos *web* para examinar ataques baseados na *web*; conduzir análises forenses de bancos de dados, *dark web*, e-mails, computação em nuvem e dispositivos de IoT; executar a análise de *malwares* estáticos e dinâmicos em um ambiente de área restrita; examinar o comportamento do *malware* no nível do sistema e da rede, bem como analisar o *malware* sem arquivo.

- **Ferramentas/Sistemas/Programas**: Identificar as diversas ferramentas para a investigação de sistemas operacionais, incluindo

Windows, Linux, Mac, Android e iOS, além das ferramentas para a análise de dispositivos e de sistemas de armazenamento de dados em MSSQL, MySQL, Azure, AWS, e-mails e IoT.

Para entendermos a importância da certificação, vamos conhecer melhor o EC-Council e suas certificações.

1.2 Certificação EC-Council

O EC-Council é uma instituição formada por profissionais associados e que certifica os profissionais em vários segmentos de *e-business* e segurança da informação, validando suas habilidades e seus conhecimentos para atuarem nessas áreas. A organização foi a responsável por criar e administrar, além da CHFI, muitas certificações mundialmente reconhecidas e oferecidas em mais de 194 países, entre as quais destacamos:

- *Certified Ethical Hacker* (CEH).
- *EC-Council Certified Security Analyst* (ECSA).
- *License Penetration Tester* (LPT).

A missão do EC-Council é atestar que os profissionais da área tenham as habilidades e os conhecimentos exigidos em um domínio especializado em segurança da informação capazes de ajudá-los a evitar conflitos cibernéticos, caso seja necessário. Ademais, em todos os assuntos relacionados à certificação, a organização preza por manter o mais alto nível de imparcialidade e objetividade em suas práticas e tomadas de decisões, assim como no nível de autoridade.

O posicionamento do EC-Council é muito relevante. Isso porque, como mencionamos anteriormente, para ser realmente valorizado no mercado como profissional habilitado para atuar no segmento de segurança ou investigação digital, é necessário que a organização que emitiu a certificação seja uma instituição imparcial e séria em relação ao processo de aquisição da certificação profissional.

Dessa forma, aqueles que obtêm as certificações do EC-Council conseguem atuar nas melhores organizações em todo o mundo, incluindo os órgãos de segurança governamentais, tais como o Exército dos Estados Unidos e o Federal Bureau of Investigation (FBI), bem como nas grandes corporações da área de tecnologia, a exemplo da Microsoft e da International Business Machines Corporation (IBM).

Todavia, mesmo fora dos Estados Unidos, essas referências permanecem extremamente relevantes, em função do alto grau de exigência de tais organizações. Inclusive, diversas certificações do EC-Council receberam o endosso de várias agências governamentais, incluindo o governo federal dos Estados Unidos, por meio do Montgomery GI Bill (MGIB), da Agência de Segurança Nacional (NSA, do inglês National Security Agency) e do Comitê de Sistemas de Segurança Nacional (CNSS – Committee on National Security Systems).

Portanto, baseando-nos na CEH, estaremos preparados de acordo com os mais altos padrões mundiais na área de segurança da informação no mundo digital.

1.3 Evolução da investigação forense

Para entendermos a evolução da computação forense, temos de conhecer o processo evolutivo dos sistemas computacionais em si, uma vez que, para estabelecer os métodos mais adequados para o processo de investigação forense, a análise forense dependerá justamente de seu objeto de análise.

Em relação aos sistemas computacionais, uma primeira diferenciação conceitual refere-se à diferença entre *hardware* e *software*. Embora sejam noções amplamente conhecidas, a abordagem de trabalho é diferente para ambos em um procedimento de análise forense.

A evolução desses elementos dos sistemas computacionais apresenta certa correlação. Basta pensarmos que uma arquitetura computacional, ou seja, um *hardware*, não tem qualquer função caso não esteja sendo utilizado para executar uma tarefa, a qual é realizada pelo *software*. Por outro lado, este necessita de uma plataforma de *hardware* adequada, caso contrário, poderá não realizar as tarefas esperadas e com o melhor desempenho possível.

Porém, muito antes da criação dos sistemas computacionais, já havia técnicas e processos de investigação forense. Na realidade, a perícia existe desde os primórdios da Justiça: os homens das cavernas aplicavam o conceito de justiça ao definirem regras para a proteção de suas moradias.

O processo de perícia judicial e sua evolução histórica foram marcados pela atuação dos seguintes personagens:

- Francis Galton (1822-1911) – fez o primeiro estudo registrado sobre as impressões digitais;
- Leone Lattes (1887-1954) – descobriu os diferentes grupos sanguíneos (A, B, AB e O);
- Calvin Goddard (1891-1955) – empregou a comparação de projéteis com armas de fogo para resolver muitos casos judiciais pendentes;
- Albert Osborn (1858-1946) – desenvolveu a técnica para analisar as características essenciais no exame de documentos;
- o FBI, em 1932, montou um laboratório para fornecer serviços forenses a todos os agentes de campo e outras autoridades legais em todo o país.

Esses eventos forenses históricos permitiram a identificação de padrões de confiança nas informações forenses recuperadas e analisadas. Do mesmo modo, as técnicas de computação forense atualmente empregadas, as quais estudaremos mais adiante, também devem representar um padrão atualizado de confiança, aceitação e análise dos objetos de uma investigação.

1.4 Objetivos da computação forense

É fato que a utilização dos recursos computacionais e das redes de dados faz parte das atividades cotidianas de todas as pessoas. De acordo com um levantamento do EC-Council[1] (2024) 85% das empresas e agências governamentais já detectaram algum tipo de violação de segurança, indicando um ponto de atenção relacionado à nossa "dependência" dos recursos cibernéticos.

O exame das provas digitais contidas nos diversos tipos de mídias digitais – ou, simplesmente, *mídias* – permite que, após a ocorrência de um incidente de segurança cibernética, os investigadores forenses realizem uma análise em busca das informações necessárias para o processo de investigação. Portanto, o objetivo final de um investigador forense computacional é determinar a natureza e os eventos relativos a um crime cibernético, bem como localizar o autor, seguindo um procedimento investigativo estruturado (Barreto; Brasil, 2016).

Dessa forma, ao atuar como um investigador da computação forense, você deverá trabalhar em equipe com os demais profissionais da área de tecnologia da informação e da segurança cibernética, para proteger os sistemas e as redes.

A perícia forense computacional corresponde a uma das três principais funções da segurança de computadores, a qual é composta pelas seguintes esferas:

- Avaliação das vulnerabilidades e gerenciamento de riscos.
- Detecção de intrusão de rede.
- Investigação e resposta a incidentes.

Podemos definir a computação forense como uma série metódica de técnicas e procedimentos para a coleta de provas que podem ser apresentadas em um tribunal em um formato coerente e significativo.

---

[1] O EC-Council faz levantamentos periódicos nas empresas que o contratam e publica os resultados obtidos em sua página oficial.

Tais provas são levantadas a partir de equipamentos de computação e diversos dispositivos de armazenamento e mídias digitais.

Para que as perícias física e computacional sejam aceitas judicialmente, é necessário que duas condições sejam atendidas:

- **Autenticidade**: De onde as provas provêm?
- **Confiabilidade**: As evidências são confiáveis e livres de falhas?

Portanto, é necessário nos aprofundarmos em dois temas neste estudo: as técnicas para garantir a autenticidade das provas (no contexto da multimídia forense, isso inclui a autenticidade dos dados digitais apresentados como provas em uma investigação) e as técnicas de coleta dessas evidências, para assegurar que os dados originais não tenham sido alterados durante o processo de coleta.

1.5 Crimes cibernéticos

Quais são os crimes cibernéticos para os quais você, como profissional da área de computação forense, pode ser acionado para realizar uma perícia digital?

Os crimes cibernéticos podem ser classificados em:

- **Roubo de propriedade intelectual**: Refere-se a qualquer ato que permita o acesso a patentes, segredos comerciais, dados de clientes, tendências de vendas e outras informações confidenciais.
- **Ataque à rede da organização**: Pode ocorrer por meio do uso de cavalos de Troia, ataques de negação de serviço, instalação de *modems* não autorizados ou, ainda, a abertura de *backdoors*, que possibilitam o acesso externo à rede ou ao sistema.
- **Fraude financeira**: Relaciona-se ao envio de solicitações fraudulentas a vítimas em potencial para realizar transações financeiras ilícitas.
- **Penetrações realizadas por *hackers***: Ocorre com o uso de *sniffers*, *rootkits* e outras ferramentas que exploram vulnerabilidades de sistemas ou *softwares*.

- **Distribuição e execução de vírus e *worms*:** Envolve o envio e a execução de códigos maliciosos com o objetivo de causar danos aos sistemas ou aos dados do usuário, tornando-os inacessíveis.

Quando tratamos de um crime cibernético, podemos identificar três componentes distintos: as ferramentas empregadas para cometer o crime, os alvos do crime (ou seja, a vítima) e o material tangencial relacionado ao crime.

Ao analisarmos a motivação de um crime cibernético, podemos encontrar diferentes causas. Uma delas pode ser a emoção da perseguição – o desafio de cometer o crime sem ser identificado, mantendo-se impune. Outra motivação pode ser de natureza psicológica, quando o criminoso realiza o crime por necessidade de deixar sua marca em um determinado sistema ou até mesmo para interromper esse sistema ou conjunto de dados.

Ainda existem os crimes motivados por vingança, como no caso de um funcionário descontente que busca causar prejuízo a um alvo específico. Em outros cenários, o criminoso cibernético pode estar sendo pago para obter informações confidenciais, invadindo sistemas. Neste caso, os *hackers* envolvidos em espionagem corporativa costumam ser os mais difíceis de identificar, muitas vezes nunca sendo descobertos ou punidos.

1.6 Execução dos crimes cibernéticos

A crescente dependência dos computadores trouxe novas oportunidades para a prática de crimes, fazendo com que os computadores sejam cada vez mais utilizados como ferramenta criminosa, o que apresenta novos desafios para os investigadores. Isso ocorre pelas seguintes razões:

- a proliferação do uso de computadores e o acesso à internet tornaram a troca de informações mais rápida e acessível;

- a disponibilização de ferramentas de pirataria informática e a proliferação de grupos de pirataria clandestina facilitaram a prática de crimes cibernéticos;
- a internet permite que qualquer pessoa esconda sua identidade enquanto comete crimes;
- a falsificação de e-mails, a criação de perfis falsos e o roubo de identidade são ocorrências comuns, e não há nada que impeça tais práticas, o que compromete sobremaneira a investigação;
- nos crimes cibernéticos, não existem provas físicas ou forenses tradicionais, como testemunhas oculares, impressões digitais ou teste de DNA, tornando esses crimes muito mais difíceis de processar.

Atualmente, os ataques cibernéticos são realizados por indivíduos mais organizados, e o crime cibernético tem conotações diferentes dependendo do contexto. Embora muitos de nós associemos o crime cibernético ao que vemos na TV ou nos noticiários – como pornografia, *hackers* acessando informações confidenciais do governo, roubo de identidade e senhas –, na realidade, esses crimes envolvem, na maioria das vezes, roubo de propriedade intelectual, danos a redes de serviços de empresas, peculato, pirataria de direitos autorais (de *software*, filmes, gravações de som), pornografia infantil, instalação de vírus e *worms*, tráfico de senhas, bombardeio de e-mails e *spam*.

Nessa verdadeira guerra cibernética, podemos perceber que os criminosos virtuais estão frequentemente mais avançados tecnologicamente do que as instituições que tentam impedi-los e se mostram mais persistentes do que nunca. Quanto à caracterização do crime cibernético, trata-se de qualquer ato ilícito que envolva um computador, seu sistema ou seus aplicativos, sendo sempre intencional e não acidental.

Porém, como a computação forense ainda está em fase de desenvolvimento, ela se difere de outras ciências forenses, pois as provas digitais são analisadas de maneira diferente. Nesse processo, aplicamos uma base de conhecimento teórico limitada, que serve de fundamento para os pressupostos e a análise-padrão de hipóteses empíricas. Isso se justifica pelo fato de que ainda necessitamos de um processo de aprendizagem adequado em relação às novas tecnologias, assim como da padronização das ferramentas utilizadas para a coleta e a análise de dados digitais. Em outras palavras, a computação forense pode ser mais vista como uma arte do que como uma ciência propriamente dita.

1.7 Etapas da investigação forense no rastreamento de crimes cibernéticos

Para entendermos as etapas do processo de investigação, vamos considerar os conceitos apresentados pelo EC-Council na certificação CHFI, que define que um investigador forense computacional deve seguir um conjunto de etapas e procedimentos ao trabalhar em um caso. Essas etapas incluem:

- **Identificação do crime**: Primeiramente, é necessário identificar o crime, junto com os dispositivos de computação e outras ferramentas utilizadas para a prática do crime.
- **Coleta de provas e cadeia de custódia**: Em seguida, deve-se reunir as provas e estabelecer uma cadeia de custódia adequada, a fim de atestar que as evidências sejam completamente documentadas, para evitar questionamentos futuros sobre a autenticidade dos dados.
- **Recuperação e imagem dos dados**: Após a coleta, é preciso proceder à recuperação dos dados, criando uma imagem (cópia exata) deles, duplicando-os e, na sequência, analisando as evidências duplicadas.
- **Análise das provas**: Com as evidências duplicadas, o próximo passo é realizar a análise detalhada das provas.
- **Atuação como perito e apresentação em juízo**: Por fim, o investigador forense, como perito, apresenta as provas em juízo de maneira clara e objetiva.

Vamos compreender melhor esse processo por meio de um exemplo fictício de incidente de segurança cibernética que comprometeu um servidor de uma corporação. As ações a serem tomadas após esse incidente seriam as seguintes:

- **Etapa 1**: Os colaboradores da organização acionam o advogado corporativo para obter o devido aconselhamento jurídico sobre os procedimentos legais a serem adotados.

- **Etapa 2**: O investigador forense executa as ações previstas no procedimento de primeira resposta (*First Response Procedure* – FRP), que são ações iniciais fundamentais para garantir a preservação das evidências.

- **Etapa 3**: O perito criminal coleta as provas no local do incidente e as transporta para o laboratório forense.

- **Etapa 4**: O investigador forense prepara imagens dos arquivos envolvidos e cria um *hash* MD5 destes, garantindo a integridade das evidências.

- **Etapa 5**: O profissional examina as provas para comprovar o crime, elabora um relatório investigativo e documenta todas as evidências detalhadamente antes de concluir a investigação.

- **Etapa 6**: O investigador entrega as informações sensíveis do relatório ao cliente, que deverá analisar as evidências para decidir se deseja ou não apresentar uma queixa criminal.

- **Etapa 7**: O investigador forense destrói qualquer dado confidencial do cliente após a conclusão do processo, com o objetivo de que informações sensíveis não sejam comprometidas.

Nessa perspectiva, é crucial que o investigador forense siga rigorosamente todas essas etapas e que o processo de investigação seja preciso e sem falhas, pois qualquer erro pode prejudicar a credibilidade do investigador, assim como a reputação da organização envolvida no incidente de segurança.

1.8 Computação forense: regras, procedimentos e questões legais

As recomendações que caracterizam um bom investigador forense incluem:

- examinar as provas originais o mínimo possível: em vez disso, deve-se analisar as evidências duplicadas;
- seguir as regras de manuseio das provas, evitando tocá-las ou alterá-las indevidamente;
- sempre preparar uma cadeia de custódia e, reforçamos, manusear as provas com o máximo cuidado, para garantir a integridade delas;
- nunca exceder os limites da base de conhecimentos do investigador forense. Ou seja, o perito deve agir dentro de sua competência técnica e não fazer suposições que ultrapassem sua área de especialização;
- documentar quaisquer alterações das evidências, mesmo que mínimas, asseverando a transparência e a rastreabilidade do processo.

Ao seguir essas recomendações, o trabalho do perito estará devidamente fundamentado e terá uma base sólida para ser defendido nas instâncias judiciais.

Na sequência, apresentamos as ações necessárias para o processo de perícia digital.

Avaliação do caso: detecção/identificação do evento/crime

Em qualquer tipo de investigação, o perito forense deve seguir um processo sistemático, que começa com a etapa de avaliação do caso. Nessa fase, são feitas as perguntas necessárias às pessoas envolvidas, cujos resultados devem ser devidamente documentados, com o intuito de identificar o crime e localizar as provas. Nas investigações digitais, é importante considerar dois tipos de computadores: aquele utilizado para cometer o crime e aquele que foi alvo do crime digital.

Preservação de provas: preservação da cadeia de custódia

Preservar a cadeia de cusódia é um passo crucial no processo de investigação, garantindo que as provas coletadas permaneçam intactas. Para isso, é necessário documentar rigorosamente cada manipulação das evidências. A cadeia de custódia deve ser estabelecida para registrar quem manipulou as provas e em que circunstâncias, assegurando a integridade destas. Em muitos casos, a análise dos computadores envolvidos e as evidências digitais podem revelar a sequência de eventos que levaram à execução do crime, além de fornecer as provas necessárias para identificar e processar o autor.

Coleta: recuperação de dados e coleta de evidências

O processo de coleta de dados envolve várias etapas fundamentais, que incluem localizar as evidências, identificar os dados relevantes, preparar uma Ordem de Volatilidade, eliminar fontes externas de alteração e reunir as provas, sempre documentando cada ação tomada. De acordo com a certificação CHFI, a coleta de dados deve seguir esses procedimentos de maneira rigorosa.

Após a coleta, é essencial gerar um *hash* MD5 das evidências para assegurar sua integridade ao longo do processo.

Antes de iniciar a coleta propriamente dita, é necessário conduzir uma avaliação preliminar a fim de identificar todas as possíveis provas. Em seguida, devemos apreender os equipamentos utilizados no crime, como disquetes, *pendrives*, CDs (*compact discs*), DVDs (*digital versatile discs*), e unidades de *backup* externas, documentando detalhadamente cada item. Ademais, o ideal é tirar uma fotografia da cena do crime antes de remover as provas, para obter uma visão completa do local.

Depois de coletar as evidências, o próximo passo é listar as ações a serem realizadas durante a investigação e, com efeito, dar início às etapas subsequentes com base nessas decisões. É importante observar que não é preciso apreender todo o sistema, uma vez que o foco deve estar na identificação e cópia dos dados relevantes. Caso contrário, a coleta excessiva de informações poderá dificultar o andamento da investigação.

Exame: rastreamento, filtragem e extração de dados ocultos

Após a coleta das evidências, a próxima etapa no processo de perícia digital é o exame, em que o investigador forense computacional tem de proceder ao rastreamento, à filtragem e à extração dos dados ocultos. Algumas dessas evidências podem ser classificadas como *evidências voláteis*, ou seja, dados que dependem de uma constante fonte de alimentação para serem mantidos e que, por essa razão, podem desaparecer rapidamente caso não sejam adequadamente preservados.

Ainda, também existem evidências cujas informações continuam a ser modificadas com o tempo. Nesses casos, o perito deve avaliar cuidadosamente registros de sistema, caches, tabelas de roteamento, cache ARP, tabelas de processos, estatísticas e módulos do *kernel*.

Portanto, os dados voláteis devem ser preservados de acordo com sua ordem de volatilidade. Em outras palavras, as informações mais voláteis devem ser priorizadas. Esse procedimento se aplica, na maioria dos casos, a sistemas ativos. A esse respeito, observe, na sequência, um exemplo de como a ordem de recuperação dos dados pode ser organizada, seguindo o princípio da volatilidade:

Etapa 1: memória virtual – *swap* da memória ou dos arquivos de paginação;
Etapa 2: discos físicos – HDs (*Hard Disk*) do sistema;
Etapa 3: *backups* – mídias de *backup off-line*, tais como fitas, discos etc.

É importante ressaltar que, no momento da investigação, os dados que se deseja encontrar podem não estar mais no sistema, embora estivessem no passado – é o caso dos *backups* diários.

Análise

A etapa de análise dos dados difere significativamente da recuperação das evidências e depende diretamente de como a cópia da mídia foi realizada. Existem diversas técnicas para capturar uma cópia forense exata do disco de evidência, garantindo que a cópia seja uma réplica fiel do original, o que permite realizar a análise sem comprometer a integridade da prova original.

A análise deve ser sempre conduzida na cópia da mídia original, a fim de preservar a prova original de quaisquer alterações, uma vez que a primeira regra da perícia é a proteção da prova original. Após a criação dessa cópia forense, todos os processos subsequentes de análise devem ser realizados nela, para garantir que a integridade da prova original seja mantida.

Para a realização dessa análise, podem ser utilizadas diversas ferramentas de análise forense disponíveis no mercado. É importante identificar qual delas é a mais adequada para o objetivo da investigação, levando em consideração as especificidades de cada caso.

Abordagem na cena do crime

Como investigador forense, é fundamental abordar a cena do crime de forma meticulosa e detalhada, uma vez que a maioria das evidências estará em formato eletrônico. Para tanto, o investigador deve possuir as habilidades necessárias para pesquisar e identificar dados em sistemas computacionais, além de estar ciente de que as provas digitais são, por natureza, extremamente delicadas – especialmente no processo de recuperação de arquivos excluídos, criptografados ou corrompidos.

Ao ser um investigador adequadamente treinado e preparado, você garantirá que nenhuma evidência seja danificada, destruída ou comprometida pelos procedimentos forenses realizados na investigação do computador. Isso assegura a **preservação da prova original**. Além disso, é importante que sejam adotadas medidas para evitar a introdução de *malware* ou qualquer outro *software* prejudicial no computador em investigação, garantindo a **não contaminação das evidências**.

Dessa forma, qualquer evidência extraída será devidamente manuseada e protegida contra danos mecânicos ou eletromagnéticos, assegurando a integridade dos processos de **extração** e **preservação**. Ao seguir os procedimentos corretos, uma cadeia de custódia contínua será estabelecida e mantida, o que garantirá a **responsabilização das evidências** e o controle sobre o período de interferência nas operações normais do sistema, minimizando o impacto da investigação na vida cotidiana dos envolvidos.

Questões legais

Nem sempre será possível, como perito forense computacional, separar as questões legais envolvidas na evidência dos aspectos práticos da perícia computacional, como os relacionados à autenticidade, à confiabilidade e à complexidade das provas. Dessa forma, a abordagem do processo investigativo poderá variar conforme as mudanças tecnológicas, sendo fundamental que as provas apresentadas tenham garantia de integridade – ou seja, que não tenham sido violadas e que foram integralmente contabilizadas desde o momento da coleta até sua apresentação ao juízo, em conformidade com a legislação pertinente à apresentação de provas em um processo judicial (Barreto; Brasil, 2016).

Assim, além das preocupações técnicas, é necessário considerar as questões jurídicas. Por exemplo, para certas atividades de monitoramento forense, pode ser exigido legalmente um nível específico de segurança, ou sua capacidade de monitorar determinadas atividades pode ser restrita. Além disso, se você precisar apresentar um processo legal, é importante notar que os registros gerados podem não ser admissíveis no tribunal. Por isso, as leis locais e federais devem ser cuidadosamente observadas ao elaborar uma política de segurança.

Com a evolução da rede de dados e dos recursos computacionais, crimes realizados pela internet têm se tornado cada vez mais comuns, e alvos remotos são comprometidos por usuários mal-intencionados diariamente. Quando se trata de investigar esses crimes, questões legais internacionais podem surgir, pois as provas eletrônicas necessárias para prevenir, investigar ou processar um crime podem estar localizadas fora das fronteiras do país. Nesse caso, a aplicação da lei pode necessitar da assistência das autoridades de outros países.

A conservação ou o pedido de provas pode ser realizado por meio de acordos de assistência jurídica mútua, ou, na ausência desses acordos, por meio do processo das chamadas **DPG e itálico**. Desse modo, a coerência entre os sistemas jurídicos, a capacidade de garantir a integridade das evidências, o uso de uma linguagem comum e a aplicabilidade das normas em todos os níveis são essenciais para alcançar o melhor resultado possível no processo de investigação forense digital.

A área do direito digital compreende um campo muito vasto, e uma das principais preocupações dos administradores de segurança diz respeito ao uso ilegal dos computadores dentro de suas organizações, o que pode, inclusive, ser a origem de crimes cibernéticos, intencionais ou não. Logo, o administrador de segurança deve avaliar cuidadosamente quais ações pode ou não adotar para detectar ou monitorar esses equipamentos, analisando o *status* de qualquer evidência que possa coletar, assim como sua exposição a processos de responsabilidade civil em caso de incidentes de segurança.

Como a legislação sobre crimes informáticos ainda é relativamente nova, com estatutos que possuem menos de dez anos e pouca jurisprudência para orientação, as interpretações legais podem variar, e as próprias leis podem ser modificadas à medida que os legisladores reagem às novas ameaças.

1.9 Gerenciamento de dados (*backup*, retenção, preservação)

No processo de análise forense, é fundamental contar com um espaço de armazenamento digital significativo para a preservação dos dados. Ao considerar a implementação de um ambiente forense, deve-se avaliar as múltiplas possibilidades para o armazenamento e as transações de dados que normalmente ocorrerão durante a análise. A tarefa de análise forense exigirá grandes volumes de espaço digital, de modo que as estações de trabalho utilizadas para o exame das provas podem contar com terabytes (TBs) de armazenamento integrado, além de grandes volumes de dados transitando regularmente nesse ambiente. Portanto, esse espaço de trabalho deve ser gerido adequadamente como parte do fluxo de trabalho do perito.

Dispositivos de armazenamento de dados em rede comuns também podem ter capacidade na ordem de TBs ou mais, podendo armazenar dados que exijam preservação a longo prazo, bem como proporcionar rápido acesso durante as tarefas do fluxo de trabalho forense. Esses dispositivos podem ser utilizados para arquivamento de dados ou como uma extensão da capacidade de armazenamento *on-line*.

Dessa forma, é necessário desenvolver uma política robusta e estratégias de tratamento de dados que acomodem esses diferentes níveis de necessidade. Uma instalação forense, dada a natureza probatória dos dados, do *hardware* original e dos resultados do trabalho pericial, exigirá políticas e procedimentos muito mais rigorosos para supervisão, auditoria e geração de relatórios em relação às atividades de gerenciamento de dados, em comparação com a operação típica de um *data center*.

No passado, utilizavam-se soluções de armazenamento em unidades de fita magnética, que eram as tecnologias com maior capacidade de armazenamento disponíveis. Vale lembrar que esse armazenamento de dados precisava ser feito em dispositivos físicos permanentes, que mantivessem o conteúdo mesmo quando desconectados do sistema computacional. Após a gravação dos dados em fita, esses dispositivos podiam ser transportados para outros ambientes sem que houvesse perda de conteúdo. No entanto, por se tratar de material "magnetizável", era necessário um cuidado adicional no manuseio das fitas, devido ao risco de perda de dados caso fossem expostas a campos magnéticos externos.

Atualmente, os HDs (*hard disks* – discos rígidos) são as soluções de armazenamento de dados de alto volume mais comuns no mercado. Embora esse sistema também utilize o princípio de gravação por meio de campos magnéticos, os discos onde os dados são gravados são muito menos susceptíveis a fontes externas que possam apagar seu conteúdo.

Entretanto, a tecnologia de armazenamento está migrando para os SSDs (*Solid State Drive* – unidades de estado sólido), que operam de forma similar aos discos rígidos, mas com uma estrutura física sem peças móveis, o que reduz o risco de falhas no acesso aos dados armazenados. Na prática, esses sistemas de armazenamento utilizam uma estrutura de memória similar à dos computadores, porém com a característica de reter seu conteúdo mesmo sem a necessidade de alimentação elétrica, algo semelhante às memórias RAM dos computadores internos (Tanenbaum; Austin, 2013).

Uma tecnologia amplamente empregada era a dos discos ópticos, como os DVDs, que exigiam o uso de um gravador específico, instalado no computador do profissional responsável pela perícia digital. A vantagem desse sistema de armazenamento era que a mídia não era susceptível a danos causados por campos magnéticos, além de ser facilmente removida e transportada para outros ambientes.

Portanto, muitas das necessidades de preservação e armazenamento de evidências de longo prazo podem ser atendidas com a utilização de mídias ópticas, como DVD ou CD, que são, em geral, muito baratas e amplamente disponíveis. O uso de CDs como meio de armazenamento a longo prazo foi comum antes da popularização dos discos rígidos e dos SSDs, que se tornaram mais acessíveis. Assim, as mídias de CD e DVD ainda têm aplicação prática, especialmente em *backups* e no armazenamento de evidências, sendo especialmente relevantes com as melhorias recentes na capacidade de armazenamento dos DVDs. Mídias ópticas de alta qualidade têm uma vida útil que pode ser medida em décadas, o que as torna ideais para a preservação de evidências a longo prazo. No entanto, é necessário considerar que o padrão de *hardware* utilizado para a gravação de dados pode não estar disponível quando for necessário recuperar as informações armazenadas.

Uma alternativa para a cópia de dados são os discos rígidos, que podem ser conectados externamente ao computador, por meio de interfaces como a USB(*Universal Serial Bus*). No entanto, esse tipo de dispositivo pode ser suscetível a danos estruturais ou de conteúdo, caso não sejam tomados os devidos cuidados no manuseio, pois utilizam mídia magnética para armazenamento e possuem partes móveis que podem ser danificadas, comprometendo a recuperação dos dados (Tanenbaum; Austin, 2013).

No que se refere ao armazenamento de dados, uma metodologia comum na aquisição de evidências envolve a criação de conjuntos de arquivos de imagem de formato e tamanho específicos. A maioria das soluções de *software* e *hardware* forenses que suportam a criação dessas imagens permite que o tamanho dos arquivos seja definido pelo examinador. Assim, ao realizar a imagem de um HD que será analisado em um processo de perícia digital, é possível gerar um conjunto de DVDs para armazenar a capacidade total do HD em análise. As ferramentas de *software* forense então gerenciam as mídias geradas, de forma que, posteriormente, todo o conteúdo copiado do HD para os DVDs possa ser recuperado, remontando o volume original. Portanto, podemos perceber que, além das mídias de armazenamento de dados, o processo de perícia digital exige um *hardware* adequado, como um gravador de DVDs, e, de forma imprescindível, uma ferramenta de *software* especializada em perícia digital, que auxiliará nesta tarefa.

Além disso, é importante lembrar que os sistemas de duplicação de discos não se limitam às mídias ópticas. Ao estruturarmos um laboratório forense, devemos estar preparados para processar tecnologias de armazenamento mais antigas, como disquetes, que ainda podem ser encontrados em investigações forenses.

Para saber mais

EC-COUNCIL. Disponível em: <https://www.eccouncil.org>. Acesso em: 23 nov. 2024.

As habilidades profissionais de um investigador forense, considerando o uso das ferramentas de computação adequadas, são validadas mediante as certificações profissionais de mercado.

Para que você seja um profissional reconhecido pelo mercado, é importante aprofundar seus estudos relativos à computação forense, preparando-se para realizar as provas de certificação.

Na área de segurança cibernética, como citamos anteriormente, o EC-Council é reconhecido como uma das principais instituições de certificação do segmento, ofertando diversas possibilidades de especialização profissional.

Ainda, além dos cursos de certificação, que têm um custo relativamente elevado, o EC-Council disponibiliza gratuitamente os materiais de estudo para as certificações chamadas de *Essentials Series*.

Alguns exemplos de certificações são:
- *Network Defense Essentials* (NDE).
- *Ethical Hacking Essentials* (EHE).
- *Digital Forensics Essentials* (DFE).

Você pode fazer o cadastro na página oficial do EC-Council e acessar os materiais disponibilizados pela instituição para essas certificações.

Consultando a legislação[2]

A Lei n. 13.709, de 14 de agosto de 2018, conhecida como *Lei Geral de Proteção de Dados Pessoais* (LGPD), introduz o conceito dos agentes de tratamento de dados, cuja atuação pode ser suportada pelas habilidades e pelos conhecimentos descritos no perfil profissional das certificações do EC-Council.

Síntese

Como profissionais da área de computação forense, temos de estar preparados para realizar a análise das provas digitais, adotando os procedimentos corretos e observando as normas pertinentes. Nesse contexto, as certificações profissionais de mercado são importantes, pois refletem as exigências legais e processuais referentes ao tratamento

---

[2] As orientações da LGPD se aplicam a todos os capítulos desta obra.

das mídias digitais, as quais contêm as provas essenciais para as investigações no ambiente digital.

Além disso, para que possamos identificar e localizar os criminosos, precisamos conhecer as técnicas, as motivações e os modos de operação desses agentes, assim como as principais técnicas empregadas nos crimes cibernéticos. Por fim, em relação à análise e ao tratamento das provas digitais, devemos observar as técnicas adequadas para manuseá-las, a fim de evitar que o trabalho de perícia envolvendo tais mídias seja questionado ao ser apresentado no processo judicial.

Questões para revisão

1. Para atuar como perito judicial na área de computação forense, qual é a certificação de mercado obrigatória?

2. Para que um investigador forense computacional atinja seu objetivo final, que é determinar a natureza e os eventos relativos a um crime cibernético e localizar o autor, o que ele deve fazer?
   a) Seguir um procedimento investigativo estruturado.
   b) Adotar uma estratégia, desde que ela seja bem documentada.
   c) Coletar as evidências iniciais e encaminhá-las a outro perito.
   d) Acionar o suporte jurídico da organização, que orientará o processo investigativo.

3. Para garantir que as provas coletadas por meio da computação forense realmente serão aceitas em um tribunal, é necessário atender a dois requisitos, que são:
   a) Segurança e autenticidade.
   b) Autenticidade e confiabilidade.
   c) Segurança e confiabilidade.
   d) Disponibilidade e autenticidade.

4. Uma das certificações de mercado mais valorizadas na área de computação forense é a CHFI (*Computer Hacking Forensics Investigator*),

promovida pelo International Council of E-Commerce Consultants (EC-Council), que é uma
a) instituição de ensino sediada nos Estados Unidos.
b) organização independente focada na certificação dos profissionais que atuam na área de comércio eletrônico e segurança da informação.
c) organização vinculada ao governo dos Estados Unidos, responsável pela segurança cibernética governamental.
d) instituição vinculada ao departamento de defesa dos Estados Unidos, responsável por definir as melhores práticas em segurança cibernética.

5. Uma das recomendações para a execução do processo de investigação forense digital é examinar o mínimo possível as provas originais. Assim, com base em tal recomendação, de que modo devemos conduzir esse processo de análise de evidências?

Questões para reflexão

1. O aumento dos crimes cibernéticos tem relação com a disseminação de pessoas conectadas à internet, uma vez que um usuário pode "esconder" sua identidade. A respeito disso, como podemos identificar o autor de um crime cibernético?

2. Para realizar suas atribuições, o profissional de computação forense deverá empregar várias ferramentas, incluindo diversos tipos de *hardware* e *software*. Mas quais são os critérios para a escolha dessas ferramentas?

3. Se possuirmos os equipamentos mais modernos de computação forense, isto é, que permitam a leitura das mídias digitais mais atuais, será seguro garantir o sucesso do processo de perícia digital?

FERRAMENTAS DE COMPUTAÇÃO FORENSE E DISPOSITIVOS DE ARMAZENAMENTO DE DADOS

Conteúdos do capítulo
- Ferramentas para a computação forense.
- *Softwares* forenses.
- Discos rígidos.
- Leitura e gravação em discos rígidos.

Após o estudo deste capítulo, você será capaz de:

1. compreender a necessidade de utilizar ferramentas específicas de *hardware* e *software* na computação forense, associadas a procedimentos adequados e válidos em processos judiciais;
2. identificar os principais recursos que devem estar presentes em um *software* de análise forense, os quais, em conjunto com as soluções de *hardware*, garantem a autenticidade e a integridade das provas contidas nas mídias digitais analisadas;
3. reconhecer as características físicas dos discos rígidos e das interfaces de conexão dos computadores, sabendo a importância de incluir os vários padrões de interface no ambiente de computação forense utilizado para a análise de tais mídias de armazenamento de dados;
4. explicar o processo de leitura e gravação em discos rígidos, avaliando as possibilidades de busca de dados nesses dispositivos, bem como as operações das ferramentas de *software* forense e suas possíveis limitações, relacionadas ao processo de gravação dos dados nos HDs (*hard disks*).

2.1 Introdução

Sabemos que os dados constituem a essência de qualquer sistema que rode em computadores. Não por acaso, a disponibilidade e a acessibilidade a tais informações são as principais razões pelas quais a internet se tornou popular. Além disso, todos nós somos capazes de modificar, armazenar, processar e recuperar esses dados, o que contribui bastante para compreendermos por que hoje em dia os computadores são praticamente imprescindíveis em nossas vidas.

E como os dados constituem a essência de uma investigação digital, é essencial que o perito forense conheça os diferentes tipos de mídias fixa e removível e entenda de que modo elas funcionam – isto é, como elas armazenam e, até mesmo, apagam as informações.

No contexto digital, a expressão *mídia de armazenamento* corresponde a uma forma de armazenar informações permanentemente. Para tanto, existem inúmeros métodos disponíveis e aplicáveis a diversos tipos de mídia, os quais podem incluir o armazenamento magnético em discos, o emprego de discos ópticos e, mais recentemente, a utilização de memórias "removíveis", a exemplo das memórias *flash*, popularmente conhecidas como *pendrives*.

Considerando o processo evolutivo das tecnologias computacionais, é possível considerar que os *pendrives* são os sucessores dos disquetes, discos magnéticos flexíveis utilizados para o armazenamento de dados de forma portátil. Embora tivessem 1,2 *megabytes* (MBs) de capacidade, esses dispositivos certamente seriam obsoletos nos dias atuais; basta pensar que, em um *pendrive*, o espaço para armazenar informações é mensurado em *gigabytes* (GBs) (cerca de mil vezes maior).

Diante do exposto, para realizar o trabalho de perícia forense digital, é preciso dispor de um ambiente de computação forense composto por ferramentas de *hardware* e *software* apropriadas, bem como adotar os procedimentos corretos relacionados a esses equipamentos no manuseio das provas digitais (Araújo, 2020).

Sob essa ótica, neste capítulo, apresentaremos as ferramentas necessárias em uma investigação forense digital e suas características, além dos métodos de utilização e dos processos de documentação e testes tanto desse maquinário quanto das evidências digitais em análise. Ademais, analisaremos a estrutura física dos discos rígidos, que estão entre as principais ferramentas empregadas para o armazenamento de dados. Veremos sua estrutura física e suas interfaces, bem como trataremos sobre a organização das informações e os processos de leitura e gravação nesses dispositivos.

2.2 Ferramentas para a computação forense

Uma das ferramentas essenciais na organização de um sistema de computação forense é o bloqueador de gravação (*write blocker*) ou *ponte forense*. A prevenção da espoliação de dados – ou seja, o comprometimento da integridade das evidências, seja por alteração intencional, seja inadvertida – é uma diretriz primordial no processo de perícia forense digital. Isso evita questionamentos sobre a autenticidade das provas em um tribunal, principalmente no que diz respeito à possível adulteração dos dados.

Uma das principais dúvidas relacionadas ao trabalho forense está nas metodologias utilizadas para lidar com evidências digitais. Entre os questionamentos mais comuns, destacamos os seguintes:

- As provas foram mantidas em seu estado original?
- As conclusões foram baseadas em materiais não comprometidos?
- As ferramentas adequadas foram empregadas no processo?

Em muitos casos, quando conectamos a um computador um dispositivo de dados graváveis desprotegido, ele poderá sofrer algum tipo de alteração, pois a sequência de inicialização do computador, as montagens de volume e uma infinidade de outros eventos poderão modificar algum componente desse dispositivo de armazenamento de dados que contém a evidência caso ele não esteja devidamente protegido contra eventos de gravação. Dessa forma, ao organizarmos um ambiente de exame forense, devemos incluir uma ampla gama de metodologias e dispositivos que garantam a capacidade de bloqueio de gravação.

Em determinadas situações, também podemos obter um *status* de acesso "somente leitura" em nível de *software*. Isso pode ser feito por meio da edição de registros do Windows, por exemplo, protegendo um dispositivo USB contra gravação. Da mesma forma, os volumes do Linux podem ser montados apenas como leitura. Além disso, sistemas operacionais como o Microsoft DOS e o Linux podem ser configurados como ferramentas forenses robustas no gerenciamento de armazenamento de dados, podendo ser empacotados como ambientes autônomos inicializáveis em mídias como disquetes, CDs (*compact discs*), DVDs (*digital versatile discs*) ou *pendrives*. O investigador forense deve testar rigorosamente sua metodologia e ser capaz de demonstrar que os métodos utilizados são sólidos, defendendo-se de eventuais questionamentos durante o processo judicial (Barreto; Brasil, 2016).

Os dispositivos de *hardware* para bloqueio de gravação, também conhecidos como *bloqueadores de gravação* ou *pontes forenses*, são componentes essenciais e flexíveis no *kit* de ferramentas forenses. Entre suas vantagens estão a portabilidade, a ampla gama de aplicações, a facilidade de uso e a simplicidade na realização de testes.

Vários modelos de bloqueadores de gravação estão disponíveis no mercado, atendendo às normas do National Institute of Standards and Technology (Nist), órgão responsável pelos padrões de tecnologia nos Estados Unidos. Em relação à conectividade, existem diferentes tecnologias de disco rígido, com interfaces como IDE (*Integrated*

Drive Electronics), SATA (*Serial Ata*) e SCSI (*Small Computer System Interface*). Portanto, o *hardware* de bloqueio de gravação deve ser compatível com essas interfaces para garantir a conectividade com diferentes tipos de dispositivos. Muitos bloqueadores de gravação suportam a interface IDE e vêm com adaptadores que permitem conexão com SATA, além de outras interfaces como USB e FireWire, amplamente empregadas para conectar os bloqueadores ao computador de exame. Essas pontes forenses também podem ser instaladas permanentemente em estações de trabalho. As versões internas geralmente ocupam menos espaço, oferecendo várias interfaces de unidade de evidência dentro de um único compartimento.

Além de proteger a mídia original contra alterações durante o exame, um sistema de bloqueio de gravação também é crucial no processo de duplicação. Em muitos casos, a investigação exige a cópia dos dados para posterior análise. Nesse contexto, é fundamental contar com ferramentas de bloqueio de gravação associadas a plataformas de duplicação.

Outra ferramenta imprescindível refere-se à ferramenta de duplicação de mídia, disponível tanto em versões portáteis quanto de mesa. Ela assegura o bloqueio da gravação na mídia original e a duplicação dos dados para uma mídia secundária, além de verificar a integridade da duplicação, frequentemente usando algoritmos de *hash* como MD5 ou SHA1. Muitas soluções também oferecem recursos para gerar relatórios e opções de saída de duplicação *bit* a *bit*, bem como suporte a formatos de imagem forense e a esterilização de mídias de transporte. As plataformas de duplicação baseadas em *hardware* geralmente apresentam velocidades de transcrição mais rápidas do que as soluções baseadas em *software*.

Embora o *hardware* de duplicação seja essencial, em geral, ele não oferece um ambiente para a investigação dos dados duplicados. Portanto, sistemas forenses portáteis permitem expandir a capacidade de análise, tornando possível realizar a investigação posteriormente, em um ambiente mais adequado.

Em situações nas quais a investigação é levada a campo, é necessário contar não apenas com ferramentas de proteção e duplicação, mas também com ambientes interativos de exame. Sistemas forenses portáteis especializados oferecem plataformas móveis repletas de recursos, as quais permitem duplicar e analisar evidências em campo. Tais sistemas podem ser fornecidos como *notebooks* robustos ou estações de trabalho personalizadas, no estilo "maleta". Em um nível mais avançado, existem máquinas e minirredes altamente móveis que não são destinadas à mobilidade diária, mas que ainda oferecem a robustez necessária.

Sistemas dessa natureza demandam alto poder de processamento, grande capacidade de memória e amplo espaço de armazenamento, além de serem otimizados para executar pacotes de *software* forense específicos. A implementação de múltiplos sistemas operacionais em uma única estação de trabalho é uma prática comum para lidar com a complexidade dos sistemas investigados.

Um componente importante em um laboratório forense diz respeito aos sistemas de esterilização de mídia, os quais asseveram a integridade das evidências, especialmente quanto à cópia de dados. Para evitar questionamentos sobre dados pré-existentes em discos rígidos utilizados para armazenar as cópias das evidências, é crucial adotar uma política de esterilização eficiente. Todo disco rígido utilizado para a duplicação de evidências deve ser esterilizado e documentado como tal, sendo validado após o processo com algum procedimento pós-esterilização. Algumas ferramentas de duplicação forense já promovem a esterilização juntamente com a aquisição de dados, validando a integridade com a comparação de *hashes* antes de limpar o restante do espaço gravável.

Após a análise forense, pode surgir a necessidade de destruir dados sensíveis ou probatórios que perderam seu valor. Para isso, ferramentas específicas de esterilização de *hardware* e *software* podem ser empregadas, seguindo práticas reconhecidas no processo judicial. A destruição de dados deve ser conduzida de acordo com métodos reconhecidos pela indústria, garantindo a validade das provas digitais.

Outro recurso utilizado em laboratórios forenses são os gabinetes de Faraday, também conhecidos como *gaiolas de Faraday*, que podem ser empregados para garantir a privacidade das informações e a integridade dos dados durante a perícia de dispositivos portáteis. Esses recursos são projetados para preservar a integridade dos dados e/ou impedir a transmissão de informações, funcionando como dispositivos capazes de bloquear campos eletromagnéticos.

Um gabinete de Faraday é composto por materiais condutores, como camadas de malha metálica, os quais proporcionam a indução elétrica ao longo de sua superfície quando um campo magnético é aplicado. Dessa forma, ao ser introduzido em um campo eletromagnético, o compartimento impede que as ondas eletromagnéticas o atravessem, dissipando-as pela superfície condutora. Caso um gerador de sinal seja colocado dentro do gabinete, o sinal será confinado no interior da caixa. Da mesma maneira, se um receptor de sinal for inserido em um gabinete de Faraday, ele será impedido de captar qualquer sinal proveniente do ambiente externo.

Ademais, as etiquetas de identificação por radiofrequência, conhecidas como *RFID (Radio Frequency Identification)*, também representam uma fonte importante de informações digitais. Elas transmitem dados ativamente e são muito usadas em sistemas de gerenciamento de dados pessoais. Os gabinetes de Faraday bloqueiam os *scanners* RFID, que captam sinais de etiquetas RFID ativas presentes em seu interior. Igualmente, o gabinete impede que *scanners* RFID ativos leiam etiquetas RFID passivas armazenadas no seu interior.

Os telefones celulares são dispositivos de armazenamento de dados onipresentes. Por isso, o método de coleta de dados forenses deve se concentrar não apenas nas informações que eles armazenam diretamente, mas também nos protocolos de comunicação sem fio utilizados durante seu funcionamento. Nesse contexto, o emprego de um gabinete de Faraday é essencial para bloquear sinais externos que possam comprometer a integridade dos dados, alterando-os ou excluindo-os. Ainda, o gabinete impede que os sinais gerados pelo celular sejam transmitidos aos destinos desejados. Nesse sentido, ele pode isolar um dispositivo que esteja em processo ativo de comunicação, seja com torres de celular, seja com outros dispositivos próximos.

Na composição de um laboratório forense, também é fundamental considerar que os dados armazenados em dispositivos portáteis podem estar em diversas formas, como cartões SIM, outros tipos de mídia de cartão ou armazenamento baseado em *chip*. Dispositivos portáteis modernos frequentemente utilizam diferentes tipos de armazenamento. Além da diversidade de mídias para essa finalidade, estas podem conter dados estáticos, como números de telefone salvos em um cartão SIM, ou dados voláteis, a exemplo de números de telefone recentemente discados e armazenados na memória baseada em *chip*, que é alimentada pela bateria do dispositivo. Assim, será necessário utilizar ferramentas capazes de conectar e ler essas mídias, nos casos de cartões removíveis, bem como ferramentas que consigam acessar dados voláteis armazenados temporariamente no dispositivo sob análise.

No exame forense de dispositivos portáteis, a primeira regra é: se o dispositivo estiver desligado, deve-se mantê-lo desligado, mas com a bateria carregada. Caso o dispositivo esteja ligado, deve-se mantê-lo ligado até que um exame completo seja realizado. Para auxiliar no gerenciamento de energia e na pesquisa de dispositivos portáteis, que têm tempo limitado de funcionamento, várias ferramentas podem ser incorporadas ao laboratório forense móvel, tais como dispositivos de energia multiuso, carregadores e outros acessórios que forneçam energia ao dispositivo, estendendo a janela de preservação dos dados.

Isso permitirá que o dispositivo seja transportado a um ambiente de laboratório para uma análise mais detalhada, se necessário.

No que se refere aos cartões utilizados em tecnologias de telefonia celular, como os SIM, muitos são proprietários, exigindo pacotes de *software* e *hardware* forenses personalizados para decifrar o conteúdo desses cartões. Já os formatos mais comuns de cartões de armazenamento de dados, como SD (*Secure Digital*), MMC (*MultiMediaCard*) e CF (*Compact Flash*), usados em câmeras, telefones celulares e outros dispositivos, podem ser lidos por um bom leitor de cartões 15 em 1, que deve ser incluído no *kit* de ferramentas forenses.

Por fim, um bom *kit* de ferramentas forenses para dispositivos portáteis deve contar com diversos cabos de alimentação e dados. Muitos conjuntos de ferramentas forenses para exame de dispositivos móveis, do tipo tudo-em-um, fornecem uma grande variedade de cabos, adequados às múltiplas interfaces de dados presentes nos dispositivos portáteis. Juntamente com os cabos, o *kit* deve incluir uma ampla gama de adaptadores, uma vez que sempre poderá ser necessário conectar o dispositivo a um padrão de conexão específico, seja para mídia de armazenamento, seja para conectividade.

2.3 Softwares forenses

As opções para a seleção de um *software* forense são vastas, e um investigador forense precisará de uma diversidade de aplicações para analisar efetivamente a infinidade de cenários que surgem durante uma investigação. É importante entender que nenhuma ferramenta sozinha será capaz de cobrir todas as possibilidades, razão pela qual se faz necessário dispor de opções variadas. Embora muitas dessas ferramentas possam ter funções sobrepostas, cada aplicativo apresenta pontos fortes exclusivos, que agregam valor a processos investigativos específicos. Portanto, ter acesso a diferentes ferramentas, ainda que desempenhem funções semelhantes, proporciona a validação de métodos e processos. Ademais, as características particulares de cada ferramenta, aplicadas a um problema específico, permitem uma investigação mais completa e diversificada (Araújo, 2020).

Ao avaliarmos as soluções de *software* para investigação, é fundamental considerar o desempenho dessas ferramentas em relação aos seguintes elementos:

- sistemas operacionais;
- sistemas de arquivos;
- plataformas de investigação;
- ferramentas de uso especializado;
- ferramentas no ambiente corporativo;
- *scripts* e programas *ad hoc*.

Em relação aos sistemas operacionais, ao planejar a implementação de um laboratório forense, é fundamental dispor de uma biblioteca de *softwares* que inclua uma vários sistemas operacionais, abrangendo diferentes versões de cada um deles. Dessa forma, o investigador forense terá acesso a diferentes plataformas para conduzir a investigação, incluindo, no mínimo, as várias versões do Microsoft Windows, distribuições Linux/Unix e versões do Apple/MacOS. Existem diversos outros sistemas operacionais, e a capacidade de recorrer a eles possibilitará ao perito forense rodar *softwares* desenvolvidos para plataformas específicas. Por exemplo, um *software* de 20 anos atrás pode oferecer recursos que não estão presentes em versões mais recentes, e, para utilizá-lo, talvez seja necessário executar o sistema operacional daquela época.

A escolha do sistema operacional para um processo de exame de evidências pode ser estratégica. Um examinador forense pode optar por analisar um disco rígido formatado em NTFS (*New Technology File System*) de um computador suspeito, que roda o Windows, utilizando uma máquina com Linux. Essa abordagem evita questionamentos sobre a interação de um sistema Windows com os dados do disco rígido, prevenindo a alteração das evidências. Além de adotar as melhores práticas para o manejo adequado das evidências, o analista forense pode argumentar que o sistema Linux não geraria uma estrutura de dados compatível com o Windows, garantindo assim a autenticidade dos dados coletados.

Como peritos forenses, também podemos ser chamados para examinar computadores suspeitos configurados com uma variedade de sistemas operacionais. Para isso, é crucial contar com uma biblioteca de sistemas operacionais instaláveis, para que seja possível estabelecer um ambiente de testes que favoreça a reconstrução dos eventos no mesmo ambiente de *software* em que o computador suspeito estava operando.

Diferentes sistemas operacionais suportam tipos distintos de sistemas de arquivos. Para examinar sistemas de arquivos variados, é preciso dispor de um sistema operacional compatível com cada um deles. Embora os sistemas de arquivos não sejam, em si, *softwares*, eles representam um método para armazenar e organizar os dados em uma mídia específica. Na área da computação forense, a expressão *sistema de arquivos* refere-se à estrutura organizacional dos dados armazenados em mídias digitais, como discos rígidos, disquetes, discos ópticos, *pendrives* etc. Dado o grande número de sistemas de arquivos existentes, o perito forense deve estar preparado para trabalhar com os mais diversos tipos, contando com o acesso a múltiplos sistemas operacionais, dispositivos de *hardware* e aplicativos de *software*, a fim de cobrir uma infinidade de diferentes sistemas de arquivos.

Em um ambiente de computação forense, existem várias opções de *software* que podem ser usadas como plataforma principal de investigação e disponibilizadas por diversos fornecedores no mercado. As características comuns dessas ferramentas incluem a capacidade de criar um conjunto de imagens de arquivos ou uma cópia *bit* a *bit* da mídia sob investigação, além de permitir a análise de fluxos de dados em tempo real ou a partir de uma imagem. Tais ferramentas também devem possibilitar a pesquisa e a eliminação de conteúdos suspeitos, a geração de relatórios sobre as descobertas e a exportação de dados de interesse para uso posterior em um ambiente externo ao *software*. Os pacotes de *software* de investigação digital são projetados para serem executados em vários sistemas operacionais, como Windows, Linux e Mac. Ainda, alguns desses *softwares* são restritos ao uso no âmbito da Justiça, enquanto outros estão disponíveis ao público em geral.

Além do *software* principal utilizado no ambiente de computação forense, há uma série de outras ferramentas que atendem a necessidades específicas de análise de dados. Entre elas, destacam-se ferramentas para análise de e-mails, quebra de senhas, descriptografia, análise de *hardware* portátil, identificação e exame de dispositivos físicos, entre outras. Todas elas são valiosas para o examinador forense, na medida que complementam a caixa de ferramentas digitais do investigador, que deve ser tão robusta quanto sua caixa de ferramentas física – se não mais robusta ainda.

As ferramentas de computação forense também podem ser utilizadas para testar os recursos da própria empresa em relação à LAN (*Local Area Network*) ou, até mesmo, nas conexões de rede de longa distância, como as redes WAN (*Wide Area Network*). Nesse sentido, seja para examinar a rede corporativa de longa distância, seja para atuar como um serviço forense permanentemente integrado aos sistemas de segurança da empresa, as ferramentas de investigação forense proporcionam a coleta de dados e a geração de relatórios em ambientes amplamente dispersos geograficamente. As ferramentas forenses corporativas geralmente têm a capacidade de investigar sistemas ativos remotamente, bem como de analisar o conteúdo da memória volátil, as métricas de rede e as atividades das máquinas locais dentro do ambiente corporativo.

Embora haja uma grande variedade de ferramentas pré-construídas disponíveis para compor o ambiente de computação forense, em muitas situações será necessário elaborar uma solução personalizada para atender às necessidades específicas de um processo investigativo. Sob essa perspectiva, as habilidades de programação, criação de *scripts* e desenvolvimento de recursos tornam-se essenciais para compor a caixa de ferramentas de computação forense. Vale ressaltar que qualquer implementação *ad hoc* exigirá validação e testes completos de operação e definição de processos, a fim de assegurar que a ferramenta funcione conforme o esperado, preservando a integridade das evidências a ela aplicadas.

Um importante aspecto relacionado ao ambiente de computação forense diz respeito à garantia de que todas as ferramentas de *software* utilizadas, incluindo sistemas operacionais e aplicativos, estejam devidamente licenciadas. A utilização de *software* não licenciado configura pirataria, crime que compromete a admissibilidade em tribunal de qualquer prova recolhida durante sua prática. Todavia, o licenciamento de *software* envolve um custo significativo na composição do laboratório de investigação forense, abrangendo tanto a aquisição inicial das licenças quanto a manutenção e a atualização contínua dessa ferramenta para as operações diárias.

Após a elaboração do ambiente de computação forense, com as ferramentas necessárias de *hardware* e *software*, o processo de teste das ferramentas se torna essencial, sendo obrigatório e contínuo tanto para o examinador quanto para o laboratório. Assim, tanto o *software* quanto o *hardware* precisam ser testados periodicamente para garantir o desempenho esperado. Esses testes repetidos validam os métodos adotados e asseguram a integridade dos equipamentos ao longo do tempo. Nessa ótica, é de extrema importância demonstrar e documentar a capacidade das ferramentas de preservar a integridade dos dados sob análise, pois os testes e a documentação destes são fundamentais para a defesa contra possíveis questionamentos sobre danos causados pelas ferramentas durante a análise das evidências.

Ou seja, como perito forense digital, você não pode ser incapaz de provar em tribunal a competência de sua metodologia e das ferramentas empregadas. Para evitar essa situação, a melhor abordagem é testar consistentemente todas as ferramentas de *hardware* e *software*, documentando a metodologia de teste, os resultados e a teoria que embasou o projeto de teste. Também é necessário atestar que o teste tenha sido realizado pessoalmente e em um ambiente controlado. Além disso, a metodologia de testes deve ser adaptada a cada ferramenta, pois estes devem ser específicos e exaustivos o suficiente para comprovar a validade da função subjacente de cada ferramenta. Por exemplo, grande parte dos examinadores cria um *script* de teste específico para dispositivos de gravação de bloco, desenvolve uma mídia de teste "padrão ouro" e executa uma série de procedimentos, como tentativas de gravação, exclusão e acesso aos dados na mídia, com o objetivo de demonstrar a integridade da ferramenta.

No processo de escolha das ferramentas mais adequadas para desenvolver um ambiente de computação forense, é possível buscar informações adicionais no *site* do Nist especificamente em relação ao Projeto CFTT (*Computer Forensic Tool Testing*). O objetivo desse projeto é estabelecer uma metodologia para testar ferramentas de *software* forense por meio de especificações gerais, procedimentos de teste, critérios de avaliação, conjuntos de teste e *hardwares* necessários. Os resultados desses testes geram informações valiosas para que os fabricantes aprimorem suas ferramentas, assim como para que os usuários possam tomar decisões devidamente fundamentadas acerca da aquisição e do uso adequado das ferramentas forenses.

2.4 Discos rígidos

Os discos rígidos, também conhecidos pela sigla *HD* (*hard disk*), são dispositivos de armazenamento não volátil utilizados para armazenar e recuperar dados rapidamente em um computador. O armazenamento não volátil é caracterizado pelo uso de uma mídia física que retém os dados mesmo na ausência de energia elétrica, o que significa que nenhum dado é perdido quando o computador é desligado. Isso torna os discos rígidos ideais para o armazenamento permanente de informações. As unidades de disco rígido, também chamadas de HDD (*hard disk drive*), são instaladas internamente no computador e proporcionam o acesso e o processamento de dados muito mais rápidos em comparação com mídias removíveis, como disquetes ou *pendrives* (Tanenbaum; Austin, 2013).

Para organizar e localizar os dados armazenados em um disco rígido, utiliza-se o conceito de sistema de arquivos. Embora diversos sistemas de arquivos tenham sido desenvolvidos ao longo dos anos, todos desempenham a mesma função básica: controlar como os diretórios e arquivos são armazenados e organizados na mídia física do HD. Em outras palavras, o disco rígido pode ser comparado a uma biblioteca que contém livros, enquanto o sistema de arquivos determina a localização desses livros nas prateleiras.

Embora existam discos rígidos removíveis, a maioria dos HDDs é projetada para instalação interna em um computador, razão pela qual são chamados de *discos fixos*. Para evitar a necessidade de discos rígidos personalizados ou de proprietários para diferentes marcas de computadores, foram estabelecidos padrões no início da história dos PCs (*personal computer* – computador pessoal). Esses padrões definem o tamanho, a forma do disco rígido e as interfaces utilizadas para conectá-lo ao computador. Tais parâmetros são conhecidos como *fatores de forma* e se referem às dimensões físicas externas da unidade de disco. Os fatores de forma mais comuns são:

- **5,25 polegadas**: Primeiros discos rígidos usados em PCs, instalados em máquinas durante a década de 1980.
- **3,5 polegadas**: Tamanho mais comum, empregado nos PCs modernos.
- **2,5 polegadas**: O mais encontrado em *notebooks*.

Embora o fator de forma de 3,5 polegadas (Figura 2.1) exista há bastante tempo, ele continua sendo o mais utilizado em computadores de mesa modernos. Outro fator de forma popular é o disco de 2,5 polegadas (Figura 2.2), empregado em *notebooks*. Ao comparar os dois, é possível observar a diferença de tamanho. Ambos, no entanto, possuem os mecanismos internos da unidade de disco protegidos por uma caixa de metal resistente, que serve para evitar que poeira e outros elementos estranhos entrem em contato com os componentes internos, prevenindo danos ao disco.

Figura 2.1 – HD de 3,5 polegadas para *desktop*

Blue Cow Studios/Shutterstock

Observe, na figura anterior, que o HD de 3,5 polegadas apresenta várias conexões que permitem sua instalação em um computador. Para a instalação do HDD de 3,5 polegadas, são necessários os seguintes componentes externos:

- *jumpers*;
- interfaces de conexão do disco rígido com a CPU (*Central Processing Unit* – Unidade Central de Processamento) do computador;
- conector de alimentação.

Por outro lado, o disco rígido de 2,5 polegadas é instalado de maneira diferente, especialmente em *notebooks*. Nesse caso, a tampa inferior do *notebook* é removida e o HDD é inserido em um *slot* específico, como mostra a Figura 2.2.

Figura 2.2 – HD de 2,5 polegadas para *notebook*

Pelikh Alexey/Shutterstock

No caso do HD de 3,5 polegadas, o *jumper* é um conector que funciona como um interruptor liga/desliga para o disco rígido e é usado para definir a configuração deste, da seguinte forma:

- **Mestre (*master*)**: Trata-se do disco rígido primário instalado no computador, sendo, portanto, o primeiro a ser acessado ao inicializar o sistema. Normalmente, contém o sistema operacional que será carregado. Se houver apenas um disco rígido no computador, ele será configurado como mestre.

- **Escravo (*slave*)**: Refere-se ao disco rígido secundário e é utilizado para o armazenamento de dados adicionais ou para a instalação de outros *softwares*.

Uma terminologia mais atual para esse cenário, em que dois discos rígidos estão instalados em um computador, é a identificação como HD primário (para o disco mestre) e HD secundário (para o disco escravo).

O conector de alimentação serve para conectar o disco rígido à fonte de alimentação do computador por meio de um cabo de alimentação, permitindo que o HDD receba energia quando o computador é ligado. Já a interface do disco rígido é responsável pela conexão entre o HDD e o computador, possibilitando o acesso aos dados armazenados no disco.

A Figura 2.3, a seguir, apresenta uma interface padrão IDE, uma das mais empregadas nos primeiros modelos de HDDs. Um cabo fino e plano, conhecido como *flat cable* (mostrado na Figura 2.5), contendo fios paralelos, é inserido na interface do disco rígido, e a outra extremidade é conectada ao controlador de unidade de disco ou à CPU. Dessa forma, o computador pode se comunicar com o disco rígido e acessar seus dados.

Figura 2.3 – HD com interface IDE

Embora existam diversos componentes externos em um HD, os principais estão localizados dentro do gabinete selado do HDD. Como mostrado na Figura 2.4, os HDDs são compostos por um ou mais *platters*, discos planos e redondos, montados dentro do gabinete. Esses discos são empilhados uns sobre os outros, e todos giram em torno de um eixo central comum (de forma semelhante aos LPs em um toca-discos antigo). Um motor, acoplado ao eixo central, é responsável por fazer os discos girarem.

Os *platters* são feitos de materiais rígidos, como ligas de alumínio, vidro ou compostos de vidro, e revestidos por uma substância magnética. As cabeças eletromagnéticas complementam o conjunto, sendo responsáveis pela gravação e pela leitura dos dados digitais nos discos, por meio de pulsos magnéticos.

O mecanismo de controle de gravação produz os pulsos magnéticos à medida que o disco gira, deslocando as cabeças de gravação. Estas, por sua vez, também fazem a leitura dos dados armazenados, conforme o disco gira e as cabeças se posicionam sobre os discos.

Os dados podem ser registrados em ambos os lados de cada *platter*, em trilhas concêntricas, e estes são organizados em setores dentro de cada trilha. Nesse sentido, um determinado *bit* de dados será alocado em um setor, uma trilha específica e um disco específicos.

Figura 2.4 – A estrutura do HD

Os eixos de um disco rígido giram os *platters* a altas velocidades, geralmente, a milhares de rotações por minuto (RPM). Enquanto isso, a cabeça de leitura/gravação se move sobre os *platters*, lendo ou gravando os dados. Quando há mais de um *platter* no HD, cada um desses pratos possui uma cabeça de leitura/gravação para cada um de seus lados.

HDs com *platters* menores oferecem benefícios adicionais, por exemplo, eles economizam espaço dentro do computador e melhoram o desempenho do disco. Isso ocorre porque, com discos menores, as cabeças de leitura/gravação não precisam se mover tão longe para acessar todos os dados, o que reduz o tempo de busca.

Para ler e gravar informações magnéticas, a cabeça de leitura/ gravação é posicionada extremamente perto da superfície do *platter*. Ela flutua a uma distância de menos de 0,1 mícron da superfície do disco. Vale destacar que um mícron (ou micrômetro) corresponde a $1 \times 10\text{-}6$ m (um milionésimo de metro). Ilustrando melhor essa medida: uma partícula de poeira média tem cerca de 2,5 mícrons de diâmetro, e um cabelo humano tem cerca de 50 mícrons de espessura. Isso significa que a cabeça de leitura/gravação fica a uma distância muito menor que a espessura de um fio de cabelo. Ou seja, qualquer partícula de poeira ou sujeira representa um risco significativo para o funcionamento do disco rígido. Por essa razão, todos os componentes internos do HD são selados para evitar a contaminação.

Para a conexão do HDD ao computador, existem diversas tecnologias de interfaces padrão, as quais formam o canal de comunicação e permitem que os dados sejam transferidos entre o HD e o computador. Com o passar dos anos, várias interfaces foram desenvolvidas para conectar o HDD a um controlador de disco, frequentemente integrado diretamente na placa-mãe do computador.

Figura 2.5 – *Flat cable* para conexão da interface IDE

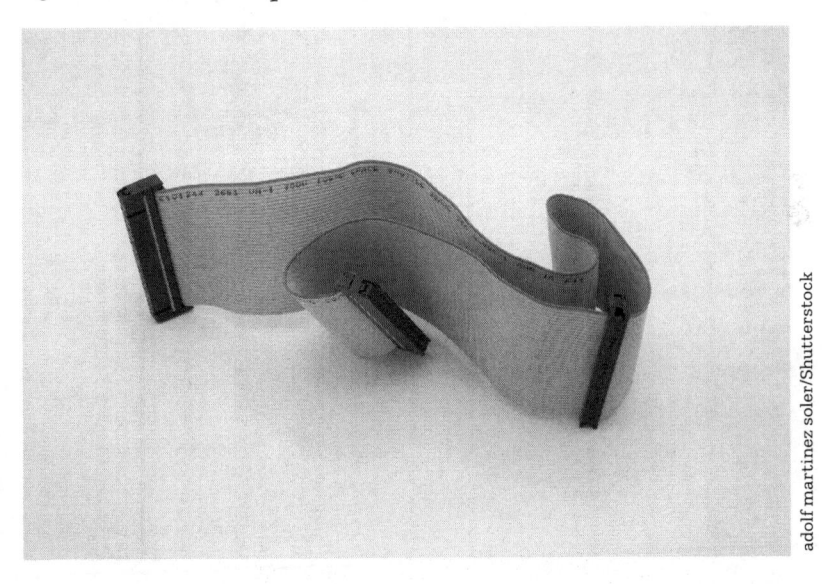

As interfaces de disco rígido mais comuns incluem (Tanenbaum; Austin, 2013):

- IDE/EIDE/ATA

  A sigla IDE significa *Integrated Drive Electronics*, enquanto EIDE provém de *Enhanced Integrated Drive Electronics*. A interface IDE recebe esse nome porque o controlador de disco é integrado diretamente à placa lógica da unidade de disco rígido. A interface IDE também é conhecida como *ATA*, de *Advanced Technology Attachment*, padrão desenvolvido pelo American National Standards Institute (Ansi). Quase todas as placas-mãe dos PCs modernos incluem dois conectores EIDE, permitindo que até dois dispositivos ATA (discos rígidos ou unidades de CD-ROM – *compact disc-read only memory*, por exemplo) sejam conectados por conector, em uma configuração mestre/escravo.

- SCSI

  A SCSI, sigla para *Small computer System Interface* (pronuncia-se *scâzi*), também é uma interface padrão da Ansi para transferência de dados. Comparada com a interface IDE/EIDE, a SCSI é mais rápida e oferece algumas vantagens, como maior flexibilidade e capacidade de expansão. Atualmente, muitas placas-mãe modernas já vêm com conectores SCSI e controladores integrados. Para as mais antigas, é necessário adicionar uma placa controladora SCSI em um dos *slots* de expansão.

  Existem várias versões do SCSI, e as mais recentes proporcionam taxas de transferência mais altas e outras melhorias, entre as quais uma das mais importantes refere-se à capacidade de conectar dispositivos "encadeados" em um único barramento SCSI. Cada dispositivo conectado a esse barramento recebe um número identificador único, o ID SCSI. Dependendo da versão do SCSI, é possível conectar 8 ou 16 dispositivos a um único controlador, com um ID dedicado para cada um. O controlador em si também possui um ID, o que permite a instalação de 7 ou 15 periféricos SCSI adicionais.

- USB

    Outro padrão de conexão amplamente utilizado para discos rígidos atualmente é o USB, sigla para *Universal Serial Bus*. Originalmente, o USB foi desenvolvido para substituir as portas seriais e paralelas em uma grande variedade de dispositivos periféricos, como teclados, *mouses*, impressoras etc. Como a conexão USB é baseada em uma topologia de barramento, ela permite a conexão de múltiplos dispositivos em um único ponto de acesso, utilizando *hubs* USB. Em teoria, até 127 dispositivos podem simultaneamente ser conectados ao computador por meio dessa arquitetura.

    Além de periféricos como teclados e *mouses*, o padrão USB também é empregado para conectar discos rígidos externos, dispositivos que podem ser montados em *cases* específicos e que contam com uma porta USB para conectar o disco ao computador. Quando o HD externo é conectado, o sistema operacional automaticamente detecta o dispositivo, instala os *drivers* necessários e possibilita o acesso aos dados armazenados no disco rígido externo.

    Hoje em dia, o padrão USB4 2.0 é o mais atual. Ele oferece larguras de banda de até 120 Gbps, além de ser retrocompatível com os padrões anteriores do USB. No entanto, como existem diversos padrões USB com diferentes capacidades de transferência de dados, a largura de banda de uma conexão será limitada pelo padrão mais antigo entre o dispositivo e o computador. Por exemplo, se tivermos um HD externo com interface USB 3.2, que suporta uma taxa de transferência de 20 Gbps, mas o computador só tem uma interface USB 2.0, que oferece 480 Mbps, a taxa de transferência máxima será limitada pela velocidade do USB 2.0, independentemente das capacidades do HD externo.

- **Fibre channel**

    Outro padrão de interface para a conexão de HDs aos sistemas computacionais diz respeito ao *fibre channel*, um padrão Ansi que utiliza fibra óptica para conectar dispositivos. Diversos padrões foram desenvolvidos para o uso das fibras ópticas, com destaque para o FC-AL (*Fibre Channel Arbitrated Loop*), projetado especialmente para dispositivos de armazenamento em massa e amplamente adotado em redes SANs (*Storage Area Networks*). Uma SAN consiste em uma arquitetura de rede que proporciona a conexão de computadores a dispositivos de armazenamento remoto, com taxas de transferência de até 100 Mbps. Contudo, devido ao alto custo dos *switches* SAN, responsáveis pela interconexão dos dispositivos de rede, essa tecnologia foi gradualmente substituída pela Ethernet, razão pela qual as redes SAN deixaram de ser utilizadas.

2.5 Leitura e gravação em discos rígidos

No processo de leitura e gravação, enquanto os pratos do HD giram, a cabeça de leitura/gravação se desloca até a posição do prato onde os dados serão lidos ou gravados. A região do prato que passa sob a cabeça de leitura/gravação é chamada de **trilha**, que corresponde a círculos concêntricos no disco. Nesses anéis, os dados são armazenados na superfície magnética do prato (Tanenbaum; Austin, 2013). Um disco rígido de 3,5 polegadas, por exemplo, pode conter milhares de trilhas, como ilustrado na Figura 2.6, a seguir.

Figura 2.6 – As trilhas em um HD

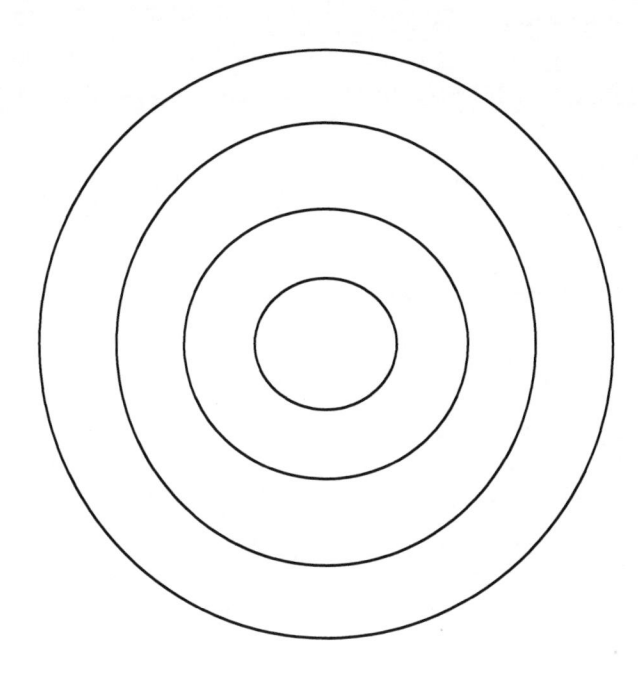

As trilhas e os setores de um HD são fisicamente definidos por meio do processo de formatação de baixo nível, conhecido como LLF (*low-level formatting*). Esse processo determina a localização das faixas e dos setores em cada disco. Ainda que, na década de 1980, os próprios usuários realizassem a formatação LLF em seus HDs, atualmente essa etapa é normalmente executada na fábrica, durante a produção dos discos rígidos. Para garantir que a gravação e a leitura dos dados ocorram corretamente, é essencial que as trilhas e os setores estejam bem definidos, para que as áreas de gravação sejam reconhecidas pelo controlador de disco e o sistema operacional possa realizar a formatação de alto nível, criando a estrutura de arquivos.

Considerando que cada disco possui um grande número de trilhas, elas são numeradas para que o computador possa referenciar corretamente os dados. As trilhas são numeradas de zero até a trilha mais alta, a qual, geralmente, é 1.023, partindo da borda externa do disco até a região mais próxima do centro do prato. Em outras palavras, a primeira trilha corresponde à borda externa do disco. É importante ressaltar que outros dispositivos de armazenamento também empregam métodos semelhantes para formatar a superfície do disco. Por exemplo, um disquete de 1,44 MB é formatado com a divisão em 160 faixas.

Nos discos rígidos, os **setores** são os segmentos de uma trilha e representam a menor unidade de armazenamento físico. Normalmente, cada setor tem 512 *bytes* (0,5 KB). Para que o computador consiga localizar os dados no disco, é necessário conhecer tanto o número da trilha quanto o setor específico no qual os dados estão armazenados.

Porém, é possível que algumas áreas do disco rígido apresentem danos e, com efeito, tornem-se inutilizáveis. Esses setores defeituosos, ou *bad sectors*, não podem mais armazenar dados devido a defeitos de fabricação ou danos acidentais. Quando isso acontece, somente as áreas afetadas são comprometidas, e não o disco inteiro. Dado que um disco rígido de 3,5 polegadas pode ter mais de mil trilhas, subdivididas em milhões de setores, não é incomum que, ao longo da vida útil do dispositivo, alguns setores sejam danificados.

A ocorrência de setores defeituosos indica que houve danos na superfície do disco. Como não é possível repará-los, todos os dados armazenados neles são perdidos. Todavia, essas áreas podem ser marcadas como defeituosas para que, futuramente, o sistema operacional ou outro *software* evite registrar informações nelas. Para identificar e marcar esses setores como inutilizáveis, existem aplicativos específicos, como o ScanDisk e o CheckDisk, no Windows, ou os Badblocks em sistemas Linux. Tais programas detectam os setores danificados e os classificam como *bad sectors*, impedindo o uso desses locais no armazenamento.

Outro parâmetro importante relacionado aos HDs diz respeito à capacidade do disco, que representa a quantidade de dados que um disco rígido pode armazenar. A capacidade é medida em *bytes*, e cada *byte* corresponde a um conjunto de 8 *bits* – em alguns casos, esse conjunto pode conter 7 *bits*, se um *bit* for reservado para detecção de erros. O *bit* (de *binary digit*) é a menor unidade de medida para dados digitais e pode valer 1 ou 0. O *byte* (*binary digit*), retratado pela letra *B* maiúscula, é composto por 8 *bits*, enquanto o *bit* é representado pela letra *b* minúscula.

Considerando que *bits* e *bytes* se referem a unidades muito pequenas de dados e que a capacidade dos discos rígidos é significativamente maior, a capacidade de armazenamento geralmente é medida em múltiplos desses valores. Por exemplo, o *kilobyte* (KB) é frequentemente associado a 1.000 *bytes*, mas, na realidade, 1 KB corresponde a 1.024 *bytes*. Isso ocorre porque a medida de KB é baseada na matemática binária (base 2) em vez da matemática decimal (base 10). Assim, em termos binários, 1 KB é calculado como 2^{10}, ou seja, 1.024 *bytes*. À medida que aumentam os valores de armazenamento, as unidades seguem esse padrão, com os termos associados a milhares, milhões e valores maiores de *bytes*, o que facilita a compreensão da capacidade, especialmente para leigos.

A esse respeito, apresentamos, a seguir, as unidades de medida utilizadas para descrever a capacidade dos discos:

- *kilobyte* (**KB**) – equivale a 1.024 *bytes*;
- *megabyte* (MB) – equivale a 1.024 KB (ou 1.048.576 *bytes*);
- *gigabyte* (**GB**) – equivale a 1.024 MB (ou 1.073.741.824 *bytes*);
- *terabyte* (**TB**) – equivale a 1.024 GB (ou 1.099.511.627.776 *bytes*);
- *petabyte* (**PB**) – equivale a 1.024 TB (ou 1.125.899.906.842.624 *bytes*);
- *exabyte* (**EB**) – equivale a 1.024 PB (ou 1.152.921.504.606.846.976 *bytes*);
- *zettabyte* (**ZB**) – equivale a 1.024 EB (ou 1.180.591.620.717.411.303.424 *bytes*);
- *yottabyte* (**YB**) – equivale a 1.024 ZB (ou 1.208.925.819.614.629.174.706.176 *bytes*).

Para ilustrar esses números de modo prático, um único *TB* pode conter o equivalente a 1.610 CDs de dados, ou, aproximadamente, a mesma quantidade de informações armazenadas em todos os livros de uma grande biblioteca.

Agora que entendemos os componentes de um disco rígido, estamos aptos a compreender em que medida sua capacidade é determinada por esses elementos, incluindo a quantidade de trilhas, setores e superfícies nas quais os dados são gravados. A capacidade de um disco rígido pode ser calculada pela seguinte fórmula:

Capacidade = (*bytes*/setor) * (setores/faixa) * (faixas/superfície) * número de superfícies

---

Vamos considerar um exemplo com as seguintes especificações de um HD:

- *Bytes* por setor: 512
- Setores por faixa (média): 426
- Total de faixas: 43.152
- Total de cilindros: 14.384
- Número de cabeças: 3

Analisando essas especificações de um disco rígido real, notamos que a quantidade de faixas por superfície não é fornecida diretamente. No entanto, conhecemos o número total de faixas e o número de cabeças físicas, que são informações comuns nas especificações dos discos rígidos. Como cada cabeça lê uma superfície do disco, podemos determinar a quantidade de superfícies dividindo o total de faixas pelo número de cabeças, ou seja, 43.152 / 3, para obtermos a relação faixas/superfície. Ainda, poderíamos simplificar a fórmula para:

Capacidade = (*bytes*/setor) * (setores/faixa) * total de faixas

---

Usando essa fórmula, podemos calcular a capacidade do HD do exemplo da seguinte maneira:

Capacidade total = 512 *bytes*/setor * 426 setores/faixa * 43.152 faixas totais = 9.411.969.024 *bytes*, ou, aproximadamente, 9,4 GB

Portanto, conhecendo a formatação de baixo nível dos discos – como o número de discos internos, o número de cabeças de leitura/gravação e a quantidade de trilhas/faixas e setores – e, considerando a "densidade" de armazenamento (isto é, a quantidade de *bytes* armazenados em cada setor), é possível determinar a capacidade total de um disco rígido.

Para saber mais

NIST – National Institute of Standards and Technology. **Computador Forensic Tool Testing Program (CFTT)**. Disponível em: <www.cftt.nist.gov>. Acesso em: 24 nov. 2024.

Para escolhermos as devidas ferramentas de *hardware* e *software*, é importante consultar o site do National Institute of Standards and Technology (Nist), na página do Projeto CFTT (*Computer Forensic Tool Testing*), onde encontraremos o resultado da avaliação do Nist em relação às ferramentas disponíveis no mercado. O Nist mantém uma página dedicada ao CFTT, na qual é possível encontrar uma estrutura geral para o teste de ferramentas e uma lista de documentos específicos para testar diferentes ferramentas. A abordagem do Nist para o teste de ferramentas forenses é baseada em metodologias internacionais amplamente reconhecidas, o que garante a conformidade e a qualidade dos exames realizados. Assim, diante da necessidade de selecionar uma ferramenta, recomendamos a consulta aos relatórios do Projeto CFTT fornecidos pelo Nist, para assegurar que a ferramenta selecionada seja confiável e esteja apta a ser aceita em processos judiciais. Até mesmo em relação às melhores práticas no manuseio e gerenciamento das evidências digitais, o CFTT disponibiliza uma página com as informações mais atuais da área. Em função da contínua evolução tecnológica do mundo da computação, sugerimos que essa página seja visitada periodicamente.

Síntese

Para realizar as atividades referentes à investigação forense digital, o perito deve dispor de recursos de *hardware* e *software* adequados. Nesse sentido, entre as ferramentas de *hardware* mais recorrentes nessa área estão as ferramentas de duplicação e de esterilização de mídias, além das pontes forenses, que permitem conectar os discos rígidos ao sistema de computação utilizado pelo profissional, garantindo a integridade das informações que constam no disco examinado.

As ferramentas de *software* são imprescindíveis para o trabalho do perito digital. Em geral, elas são desenvolvidas especificamente para as tarefas de análise de dados – inclusive, de arquivos que porventura tenham sido removidos.

Considerando que existem discos rígidos dos mais variados formatos, bem como inúmeras possibilidades de armazenar dados nessas mídias, é essencial que o perito conheça as características de cada mídia e o modo como tais dispositivos estruturam as informações. Isso permite identificar os recursos de *hardware* e *software* apropriados para a mídia em análise.

Questões para revisão

1. Para garantir que não ocorreu a gravação de um dado na mídia que está sendo analisada como prova, que ferramenta um investigador de computação forense pode utilizar?

    a) O sistema operacional Linux, que não permite a gravação de dados em mídias de armazenamento externo.

b) Um dispositivo de *hardware*, também chamado de *ponte forense* ou *bloqueador de gravação*.

c) Uma mídia apenas de leitura como prova, tal como um disco óptico.

d) Um dispositivo de armazenamento externo configurado como apenas de leitura, após a criação de uma imagem digital da prova.

2. Assegurar que não houve alteração nas provas coletadas pela computação forense é fundamental para que elas sejam aceitas em um tribunal. Considerando essa necessidade, o que o investigador de computação forense deve fazer no processo de análise dos dados?

   a) Instalar uma ponte forense entre o próprio computador e a mídia em análise, para que essa ponte seja gerenciada pelo *software* de análise dos dados.

   b) Utilizar um *hardware* que faça a leitura de qualquer tipo de mídia.

   c) Fazer a duplicação dos dados por meio de uma ferramenta de duplicação de mídia, a fim de que toda a análise seja realizada nessa cópia.

   d) Inicializar o computador antes de começar a análise dos dados, para garantir que não havia nenhum outro processo em execução

3. Qual é a ferramenta de *software* obrigatória para a atuação como perito judicial na área de computação forense?

4. A análise dos dados contidos em um disco rígido demanda sua conexão com o sistema de computação forense – ou seja, o ambiente de laboratório forense. Nesse caso, faz-se necessário verificar algumas especificações técnicas do HD, tais como:

   a) O padrão dos cabos utilizados pelo HD que está sendo examinado, pois certos padrões não são mais compatíveis com os *softwares* forenses atuais.

b) A quantidade de discos contidos no HD, já que alguns sistemas operacionais atuais não suportam uma quantidade de discos maior que quatro unidades.

c) A formatação do disco original, porque nem sempre será possível fazer uma cópia desse disco, em virtude dessa formatação.

d) Verificar, além do cabo correto, se o HD está configurado como mestre ou escravo, no caso de HDs com interface ID (Integrated Drive Electronics).

5. A interface dos HDs atuais mais utilizada é a interface padrão SCSI (*Small Computer System Interface*), cuja principal vantagem, em relação ao padrão IDE(*Integrated Drive Electronics*), é a operação em barramento. Sobre isso, qual é a funcionalidade que esse recurso apresenta na composição de um sistema de armazenamento?

Questões para reflexão

1. É possível conduzir um serviço de computação forense sem ferramentas de *software* e *hardware*?

2. Agora que já sabemos como os dados são armazenados em um HD, é possível afirmar que podemos analisar, em um HD, tanto os dados atualmente armazenados como aqueles já removidos?

3. Na computação forense, podemos afirmar que as versões mais atuais do sistema operacional e das interfaces para conexão dos dispositivos de armazenamento de dados possibilitam a análise de todos os tipos de mídia de armazenamento de dados digitais?

3

SISTEMAS DE ARQUIVOS E ANÁLISE DE MÍDIA

Conteúdos do capítulo
- Sistemas de arquivos.
- Sistemas NTFS (New Technology File System).
- Sistemas de arquivos Linux e MacOS.
- Sistema de arquivos para CD-ROM/DVD.
- Partições e *clusters*.
- Discos de inicialização e registros.

Após o estudo deste capítulo, você será capaz de:

1. entender como os sistemas de arquivos são utilizados pelos sistemas operacionais para gerenciar o processo de leitura e gravação de dados em dispositivos de armazenamento;
2. reconhecer os principais sistemas de arquivos e identificar os dados analisados em um processo de análise forense digital e que estão gravados em um dispositivo de armazenamento digital;
3. analisar a estrutura de partições e *clusters* para a correta obtenção dos dados gravados nas mídias digitais em um processo de análise forense;
4. explicar de que modo os discos de inicialização podem ser utilizados na análise de um sistema computacional quando ocorre problemas relacionados à normal inicialização desse sistema;
5. compreender como os registros do sistema de determinado sistema computacional podem ser usados em uma investigação.

3.1 Sistemas de arquivos

Anteriormente, abordamos os discos rígidos, considerando sua estrutura física e seu processo de gravação e leitura de dados. Além disso, vimos que, para organizar as informações na mídia, os HDs (*hard disks*) dividem o espaço da superfície do disco em trilhas e setores, a fim de que, com essa separação, seja possível localizar os dados dentro de um modelo estruturado. Ou seja, se a perícia digital for realizada em um HD, será preciso identificar os setores nos quais as informações se encontram. Para isso, é necessário fazer uso das ferramentas de computação forense, também já apresentadas.

Portanto, o profissional da área de investigação forense deve contar com o conjunto de ferramentas mais adequado para sua atividade, as quais, sabemos, não se restringem a aplicativos, envolvendo também ferramentas de *hardware* (Araújo, 2020).

Sendo assim, para compreendermos o funcionamento desses recursos em relação à localização de arquivos em um HD, precisamos conhecer a organização lógica dos dados nessa mídia, o que pode ser realizado por meio do recurso denominado *sistema de arquivos*.

Sistemas de arquivos, ou *sistemas de gerenciamento de arquivos*, são os sistemas que um sistema operacional utiliza para organizar e localizar os dados armazenados em um disco rígido. Assim, quando acessamos os dados em um HD, são os sistemas de arquivos que gerenciam a mídia de armazenamento, controlando de que modo os setores do HD são utilizados para armazenar e acessar arquivos, mantendo o controle sobre quais setores estão ocupados e quais estão vazios, prontos para uso.

No contexto das redes, existem também os sistemas de arquivo de rede, que não gerenciam o disco rígido, mas fornecem um meio de acesso para que os usuários possam identificar os dados armazenados em um servidor remoto. Muitos sistemas de arquivos seguem uma estrutura hierárquica, na qual os dados são organizados como uma árvore. Na base dessa estrutura, constam o diretório raiz e os diretórios – também chamados de *pastas*, no Windows – que se ramificam a partir da raiz. Tais diretórios podem conter arquivos ou outros diretórios, denominados *subdiretórios* ou *subpastas*. Provavelmente, você está familiarizado com essa estrutura – os arquivos, em seu computador, são organizados em pastas e subpastas. No entanto, dentro da terminologia dos sistemas computacionais, essa organização é chamada de *diretórios* e *subdiretórios*.

Dessa forma, ao realizar a leitura ou gravação de um arquivo em uma pasta ou subpasta, é o sistema de arquivos que mantém o controle de como essa organização se traduz em diretórios e arquivos armazenados no disco. Logo, quando um diretório específico é aberto, os arquivos dentro dele são exibidos corretamente, permitindo que sejam localizados no HD.

Para controlar essa estrutura – dos diretórios e dos arquivos neles contidos –, os sistemas de arquivos empregam diferentes métodos. Um deles refere-se ao sistema de arquivos FAT (*File Allocation Table* – tabela de alocação de arquivos), que gerencia a localização dos arquivos no disco rígido e as regras de nomenclatura e acesso (Tanenbaum; Austin, 2013).

Nas versões iniciais dos sistemas operacionais, havia limitações quanto aos nomes dos arquivos. No MS-DOS (*MicroSoft Disk Operating System*), por exemplo, o sistema de arquivos FAT possibilitava que os arquivos fossem nomeados com apenas oito caracteres, e um ponto separava o nome da extensão de três caracteres. Isto é, um documento poderia ser nomeado como "DOCUMENT.DOC", utilizando a notação 8.3. Já com o advento do Windows 95, houve uma "evolução" do sistema de arquivos, que passou a permitir nomes mais longos de arquivos: até 255 caracteres.

Ao criar um novo arquivo, o sistema de arquivos armazena informações sobre este, tais como as propriedades, o proprietário, a data de criação e as permissões de acesso – ou seja, se o arquivo é somente leitura ou se pode ser modificado.

Assim como existem diferentes sistemas operacionais, também existem diversos sistemas de arquivos. A esse respeito, alguns sistemas operacionais oferecem suporte a mais de um sistema de arquivos. Os sistemas de arquivos mais comuns são os utilizados pelos sistemas operacionais da Microsoft, que incluem:

- FAT12;
- FAT16;
- VFAT;
- FAT32;
- NTFS.

O sistema FAT foi desenvolvido para uso nos sistemas operacionais DOS. Sua primeira versão foi chamada de FAT12, pois suas tabelas de alocação usavam um número binário de 12 dígitos (12 bits) para armazenar informações sobre os *clusters*. A FAT12 era útil para discos rígidos muito pequenos – com menos de 16 MB (*megabytes*), como os que acompanhavam o IBM PC original – e também era utilizada para formatar disquetes.

Por sua vez, o sistema de arquivos FAT16 foi desenvolvido para discos maiores que 16 MB e, por muito tempo, foi o padrão para a formatação de discos rígidos. Como sugere sua denominação, ele utiliza uma tabela de alocação com 16 bits. O sistema FAT16 foi empregado nos sistemas operacionais da Microsoft, do MS-DOS ao Windows XP, assim como em sistemas operacionais de outra empresa, como OS/2 e Linux. Hoje em dia, é bastante raro encontrar sistemas que ainda usam esse padrão.

Extensão do FAT16, o VFAT (de *Virtual FAT*) foi um *driver* de sistema de arquivos introduzido no Windows para Workgroups 3.11 e suportado pelo Windows 95. Suas principais vantagens eram operar no modo protegido e permitir nomes longos de arquivos, como o FAT16. O VFAT não era um sistema de arquivos completo, mas sim uma extensão que tratava da limitação de nomes de arquivos impostos pela notação 8.3 do FAT16.

O sistema de arquivos que efetivamente sucedeu ao FAT16, e que ainda é utilizado em determinados contextos, foi o FAT32, que utilizava uma tabela de alocação de 32 bits. Introduzido na versão OSR 2 do Windows 95 (95b), ele foi projetado para melhorar as funcionalidades do FAT16, adicionando os seguintes recursos:

- maior eficiência de espaço em HDs maiores, utilizando tamanhos de *cluster* menores;
- suporte para partições maiores – até 2 TB (*terabyte*) de tamanho;
- maior confiabilidade, com a inclusão de uma cópia de *backup* das informações importantes no registro de inicialização.

Atualmente, o FAT32 é amplamente utilizado em dispositivos móveis, como *pendrives* e cartões de memória, podendo ser lido e gravado por qualquer sistema operacional e em quase todos os dispositivos com porta USB. Por isso, acabou se tornando o formato "padrão" para dispositivos de armazenamento móveis.

Contudo, apesar de sua praticidade, o FAT32 apresenta algumas limitações, tais como o fato de não suportar partições maiores que 8 TB e não permitir arquivos maiores que 4 GB (*gigabyte*). Isso explica por que esse padrão é empregado principalmente em dispositivos de armazenamento de menor capacidade, e não em discos rígidos de maior porte.

3.2 Sistemas NTFS

O sistema de arquivos utilizado atualmente nos sistemas operacionais Microsoft Windows é o NTFS (sigla para *New Technology File System*), o mais seguro para esse ambiente. Lançado em 1993, esse sistema foi projetado para substituir o sistema de arquivos FAT, oferecendo maior robustez e segurança em relação a outros sistemas da mesma empresa (Tanenbaum; Austin, 2013). Isso pode ser observado pela maneira como ele lida com as partições, que são as divisões lógicas de um disco rígido, permitindo a distribuição do espaço de um HD em unidades separadas. Por exemplo, podemos particionar o disco rígido do computador em duas partições: a unidade "C:" e a unidade "D:".

Uma das vantagens do NTFS refere-se à capacidade de suportar partições de grandes tamanhos – até 16 EB (*exabytes*) –, além de proporcionar a criação de volumes que abrangem duas ou mais partições. Além disso, a maior confiabilidade do NTFS se deve ao fato de suportar um recurso denominado *hot fixing*, no qual o sistema operacional detecta um setor defeituoso no disco, realoca automaticamente os dados para um setor saudável e marca o que apresentou defeito, impedindo seu uso futuro. Esse processo é realizado automaticamente assim que o setor defeituoso é identificado, sem que seja necessária a intervenção do usuário.

Outro recurso relevante para a análise de arquivos diz respeito aos metadados, que nada mais são do que informações sobre um conjunto específico de dados. Eles podem incluir detalhes como a identificação do criador de um arquivo, o tamanho deste e outras informações técnicas, muitas vezes invisíveis ao usuário comum (Araújo, 2020). Em termos simples, *metadados* são dados sobre dados. Como o sistema de arquivos NTFS armazena dados sobre arquivos e usuários, assim como outras informações, em arquivos especiais ocultos, há uma estruturação desses metadados.

Quando realizamos a formatação de um disco utilizando o sistema de arquivos NTFS, os arquivos são criados, e sua localização é registrada em um dos arquivos da MFT (*Master File Table* – tabela de arquivos mestre), como ilustrado no Quadro 3.1, a seguir.

Quadro 3.1 – Tabela de arquivos mestre (MFT)

Registro MFT	Sistema de arquivos	Nome do arquivo	Descrição
0	Master File Table	$Mft	Armazena as informações sobre arquivos e pastas em um volume NTFS
1	Master File Table 2	$MftMirr	Espelha os quatro primeiros registros no MFT
2	Log file	$LogFile	*Log* de transações que pode ser usado para a recuperação de arquivos
3	Volume	$Volume	Armazena informações sobre o volume, incluindo seu rótulo e as informações de versão
4	Attribute definitions	$AttrDef	Tabela de nomes, números e descrições de atributos usados no NTFS
5	Root filename index	$	Pasta Root
6	Cluster bitmap	$Bitmap	Representação de quais *clusters* são usados no volume
7	Boot cluster file	$Boot	Armazena as informações necessárias para montar o volume. Se este for inicializável, também conterá o código do carregador de *bootstrap*
8	Bad cluster file	$BadClus	Armazena informações sobre *clusters* defeituosos (*bad clusters*) em um volume
9	Security file	$Secure	Armazena descritores de segurança exclusivos de arquivos
10	Upcase table	$Upcase	Armazena informações usadas para converter caracteres minúsculos em caracteres Unicode maiúsculos

(continua)

(Quadro 3.1 – conclusão)

Registro MFT	Sistema de arquivos	Nome do arquivo	Descrição
11	NTFS extension file	$Extend	Armazena informações para extensões opcionais, como cotas e identificadores de objeto
12–15	Unused/reserved for future use		

Fonte: Kleiman, 2007, p. 80, tradução nossa.

Enquanto o sistema de arquivos FAT utiliza uma tabela de alocação de arquivos para controlar os arquivos, o NTFS adota uma tabela de arquivos mestre, que desempenha funções semelhantes, porém de forma mais complexa. Ao formatarmos um disco para utilizar o sistema de arquivos NTFS, um MFT é criado para controlar cada arquivo no volume. O primeiro registro da tabela descreve o próprio MFT, e um espelho dessas informações é armazenado no segundo registro, caso o primeiro esteja corrompido. O terceiro registro consiste em um *log* usado para a recuperação de arquivos, e a maioria dos registros posteriores serve para gerenciar o controle de pastas e arquivos no volume NTFS, além dos atributos destes. A abordagem de manter o controle dos arquivos em uma tabela possibilita o acesso rápido aos dados armazenados no disco rígido.

Um dos registros armazenados no MFT, visível no Quadro 3.1, lida com os atributos NTFS. Nesse sistema, cada arquivo e cada diretório são exibidos como um conjunto de atributos, que abrange informações como nome, dados e configurações de segurança. Isto é, os atributos definem um arquivo e são usados pelo sistema operacional e outros *softwares* para determinar como ele será acessado e utilizado. Na MFT, cada atributo é associado a um código, que pode incluir detalhes sobre o nome e a descrição do atributo.

No NTFS, há dois principais tipos de atributos:

- **Atributos residentes**: Cabem dentro de um único registro MFT. O nome do arquivo e o carimbo de data/hora são sempre atributos residentes.
- **Atributos não residentes**: São atribuídos a um ou mais *clusters* em outra parte do disco. Tais atributos são empregados quando as informações de um arquivo são grandes demais para caberem no MFT.

Como podemos visualizar no Quadro 3.2, a seguir, diversos atributos podem ser associados a arquivos e diretórios armazenados em um volume NTFS. Para identificar o local de todos os registros associados a atributos de arquivo, esse sistema recorre a uma lista de atributos, a qual apresenta os atributos definidos pelo NTFS e permite que atributos adicionais sejam posteriormente acrescentados ao sistema.

Quadro 3.2 – Atributos do sistema NTFS

Atributo	Descrição
Attribute	Lista o local dos registros que não são armazenados no registro MFT.
Bitmap	Contém o *bitmap* de alocação de *cluster*, que é usado pelo arquivo $Bitmap.
Data	Contém dados associados ao arquivo. Por padrão, todos os dados são armazenados em um único atributo, mesmo que sejam divididos em partes separadas devido ao seu tamanho.
Filename	É o nome do arquivo. Inclui o nome curto de 8.3 caracteres, o nome longo de 255 caracteres e outros nomes ou *links* necessários para identificar um arquivo.
Index Root	Trata-se do índice de arquivos contidos em um diretório. Se o índice for pequeno (ou seja, apenas alguns arquivos em um diretório), o índice inteiro caberá nesse atributo MFT; caso ele seja grande, um *buffer* de índice externo poderá ser usado para armazenar informações adicionais.

(continua)

(Quadro 3.2 – conclusão)

Atributo	Descrição
Index Allocation	Quando um índice é muito grande, esse atributo é usado para armazenar ponteiros para entradas de *buffer* de índice. Isso permite que o MFT acesse as informações de índice restantes de um diretório.
Security Descriptor	Identifica o proprietário do arquivo e quem pode acessá-lo. Esse atributo contém informações de segurança que controlam o acesso a um arquivo ou diretório. As informações sobre propriedade, auditoria e listas de controle de acesso (ACLs) são armazenadas nesse atributo.
Standard Information	Contém informações básicas sobre o arquivo, tais como se um arquivo é somente leitura, oculto etc., bem como carimbos de data/hora mostrando quando um arquivo foi criado, modificado e acessado pela última vez
Object ID	Usado para identificar o arquivo. A ID do objeto consiste em um identificador de arquivo exclusivo do volume, o que significa que nenhum dos dois arquivos em um volume terá a mesma ID do objeto.
Volume Name	Armazena informações sobre o nome do volume NTFS. É utilizado pelo arquivo $Volume.
Volume Information	Contempla os atributos associados ao armazenamento de informações sobre o volume NTFS. É usado pelo arquivo $Volume.
Volume Version	Contempla os atributos associados ao armazenamento de informações de versão sobre o volume NTFS. É usado pelo arquivo $Volume.

Fonte: Kleiman, 2007, p. 81-82, tradução nossa.

Tanto do ponto de vista do administrador quanto do usuário, esses atributos podem ser modificados diretamente no arquivo ou na pasta, por meio de suas propriedades. Por exemplo, se alterarmos o nome de um arquivo, estaremos modificando o atributo "Filename". Da mesma forma, ao abrir um arquivo, as informações de data e hora referentes à última vez em que ele foi acessado serão alteradas. Ainda, nas propriedades de um arquivo, também podemos estabelecer as permissões de acesso para controlar quem pode lê-lo, alterá-lo ou acessá-lo.

Tais operações se aplicam tanto ao acesso local quanto à rede e são somadas às permissões de compartilhamento de rede definidas para pastas ou diretórios específicos.

O sistema de arquivos NTFS possibilita a compactação de arquivos para economizar espaço e pode tanto abranger um volume NTFS inteiro como arquivos individuais. Assim, a compactação NTFS pode ser aplicada em pastas, arquivos específicos ou, até mesmo, a todo o conteúdo de uma unidade. No entanto, após a compactação, um arquivo será descompactado automaticamente quando for lido e novamente compactado ao ser salvo ou fechado. Além de contribuir para a economia de espaço em disco, a compactação facilita o arquivamento de pastas sem depender de *software* adicional para compactação e descompactação. Contudo, vale salientar que, ao compactarmos os dados em uma unidade NTFS, somente esse sistema de arquivos poderá lê-los. Ou seja, quando um programa tenta abrir um arquivo compactado, o sistema de arquivos deve primeiro descompactá-lo antes de disponibilizá-lo para o aplicativo.

Outro recurso importante no NTFS diz respeito à **criptografia**, que compreende o processo de codificação de um arquivo para impedir que ele seja lido por pessoas não autorizadas. Dessa forma, usuários não autorizados terão o acesso ao arquivo negado e, portanto, não poderão abrir, copiar, mover ou renomear arquivos ou pastas criptografados. No entanto, esse recurso também pode ser empregado a todo o conteúdo de um disco rígido, disquete ou disco removível. Em ambos os casos, o objetivo é garantir que pessoas não autorizadas não sejam capazes de abrir e ler os arquivos armazenados no disco.

O recurso de criptografia de disco e arquivo pode ser incorporado ao sistema operacional ou ao sistema de arquivos. Nos sistemas operacionais Windows, o NTFS v5 é o sistema de arquivos nativo. Ele inclui o *Encrypting File System* (EFS), que pode ser utilizado para proteger dados em discos rígidos ou discos removíveis de grande volume. Todavia, o EFS não é capaz de proteger dados em disquetes, uma vez que tais dispositivos não podem ser formatados no formato NTFS, mas é possível criptografar arquivos e pastas individuais. Além disso, como o EFS é integrado ao sistema operacional, os processos de criptografia e descriptografia são transparentes para o usuário.

O EFS utiliza a criptografia de chave pública e certificados digitais. A primeira envolve duas chaves matematicamente relacionadas: uma chave pública e uma chave privada, que devem ser usadas em conjunto. A chave privada nunca é compartilhada, sendo mantida em segredo e utilizada apenas pelo seu proprietário, enquanto a chave pública é disponibilizada a todos os usuários que precisem usá-la. Esse modelo de criptografia é considerado muito seguro, pois criar uma chave privada a partir da chave pública é considerado "matematicamente inviável", devido ao tempo e à capacidade de processamento necessários para quebrar essa chave.

A segurança do processo de criptografia é garantida porque cada arquivo tem uma chave de criptografia exclusiva, a qual é usada para descriptografar os dados dos arquivos. Ademais, essa chave só pode ser descriptografada pelo usuário, que possui a chave privada correspondente à chave pública. Assim, o sistema pode determinar se o usuário está ou não autorizado a acessar os dados do arquivo e, consequentemente, a abri-lo.

A permissão para acessar os dados é baseada na conta de usuário com a qual se pretende abrir o arquivo. Para identificar o usuário que está conectado ao computador e validar suas credenciais, um certificado digital é utilizado. O EFS emprega certificados digitais associados à conta de usuário, o que exige menos interação humana, mas, em contrapartida, tem algumas desvantagens. Por exemplo, não há como compartilhar arquivos criptografados com outras pessoas sem antes descriptografá-los, se apenas uma conta específica tem permissão de acesso. Além disso, existe um risco associado à segurança caso o computador esteja ligado e conectado na credencial do usuário, pois, nesse contexto, qualquer pessoa poderá acessar a máquina e todos os dados nela contidos, mesmo que estejam criptografados.

3.3 Sistemas de arquivos Linux e MacOS

Outro sistema operacional amplamente utilizado, e que certamente encontraremos em um processo de análise forense digital, é o Linux. Por isso, é fundamental conhecer os sistemas de arquivos que ele utiliza (Araújo, 2020).

Baseado no Unix, o Linux é um sistema operacional de código aberto, desenvolvido originalmente para máquinas de grande porte. Ele suporta diversos sistemas de arquivos por meio de um *Virtual File System* (VFS), que atua como uma camada abstrata entre o *kernel* e os sistemas de arquivos de nível inferior.

Para que um sistema de arquivos funcione no Linux, é necessário que ele esteja em conformidade com o VFS e forneça uma interface que permita a comunicação entre os níveis superiores do sistema operacional e os sistemas de arquivos usados na máquina (Tanenbaum; Austin, 2013).

Com o uso do VFS, o Linux tem sido capaz de suportar vários sistemas de arquivos, incluindo:

- **ext**: Foi a primeira versão do EFS e o primeiro sistema de arquivos criado especificamente para Linux. Além disso, foi o primeiro a usar o VFS, que foi adicionado ao *kernel* desse sistema operacional. Posteriormente, foi substituído por ext2 e xiafs, sistemas baseados no antigo Minix e que atualmente não são mais encontrados devido à obsolescência. O Minix foi um sistema de arquivos inicialmente usado pelo Linux, mas que foi substituído pelo ext por apresentar algumas limitações, como o limite de 14 caracteres para nomes de arquivos e o tamanho máximo de 64 MB para partições.
- **ext2**: O ext2 oferece melhor desempenho e suporta tamanhos de arquivos de até 2 TB, sendo ainda utilizado em muitas máquinas

que tem o Linux como sistema operacional. Ele implementa uma estrutura de dados que inclui inodes, que armazenam informações sobre arquivos, diretórios e outros objetos do sistema. O ext2 agrupa arquivos como blocos de dados no disco rígido – os blocos correspondem à menor unidade de dados usada pelo sistema de arquivos. Um grupo de blocos que contém informações essenciais para o sistema operacional, como a inicialização do sistema, é chamado de *superbloco*.

- **ext3**: O terceiro EFS, que substitui o ext2, proporcionou grandes melhorias ao introduzir o conceito de registro em diário, que facilita a recuperação de dados. O diário (*journal*) funciona como os *logs* de transações de bancos de dados, em que as informações são registradas antes de serem gravadas. No ext3, o diário é atualizado antes dos blocos de dados. Assim, se o sistema travar, o diário poderá ser utilizado para restaurar o sistema de arquivos, garantindo que os dados não gravados sejam recuperados. Em comparação, no ext2, se ocorresse um erro, seria preciso executar a verificação do sistema de arquivos (por meio do comando "fsck") para resolver problemas com arquivos e metadados.
- **ext4**: A quarta versão de EFS, além de apresentar melhorias no desempenho, é capaz de suportar volumes de até 1 EB.

Outra linha de computadores amplamente encontrada no mercado atualmente é o Macintosh, ou simplesmente Mac, da Apple, que já empregou diversos sistemas de arquivos ao longo dos anos. Quando o Macintosh original foi lançado, em 24 de janeiro de 1984, ele utilizava o *Macintosh File System* (MFS) para agrupar dados em disquetes de 400 KB (*kilobyte*). O MFS guardava arquivos em discos rígidos em duas partes: uma era dedicada ao armazenamento de informações estruturadas e a outra servia para dados não estruturados. Enquanto os dados propriamente ditos eram armazenados na divisão de dados, as informações relacionadas ao arquivo – como ícones, menus, itens de menu e outros aspectos – eram registradas na divisão de recursos.

Com essa divisão, tornou-se possível abrir os arquivos pelo aplicativo correto e sem a necessidade de extensão de arquivo, além de poder ser utilizada para armazenar metadados.

No ano seguinte, o MFS foi substituído pelo *Hierarchical File System* (HFS), que também utilizava diversas divisões para armazenar dados, embora tenha sido projetado para organizar e gerenciar informações tanto em disquetes quanto em discos rígidos. Além disso, o HFS passou a suportar nomes de arquivos com até 255 caracteres, oferecendo um desempenho muito superior. Enquanto o MFS foi desenvolvido para uso em disquetes e, por isso, era relativamente lento em mídias de maior capacidade, o HFS foi elaborado com o intuito de otimizar o desempenho em discos rígidos. Além disso, o novo formato adotou um *design* hierárquico, recorrendo a um arquivo de catálogo para substituir a estrutura de tabela plana usada pelo MFS.

Já em 1998, a Apple introduziu uma versão aprimorada do HFS, chamada de *HFS Plus*. Além de melhorias no desempenho, a nova versão promoveu avanços na maneira de lidar com os dados. Assim como os sistemas de arquivos do Linux, o HFS e o HFS Plus armazenam dados em blocos no disco rígido, com volumes divididos em blocos lógicos de 512 *bytes* (Tanenbaum; Austin, 2013). O HFS utilizava endereços de bloco de 16 *bits*, ao passo que o HFS Plus passou a suportar endereços de bloco de 32 *bits*. A limitação dos blocos de 16 *bits* no HFS permitia alocar apenas 65.536 blocos para arquivos em um volume. Embora esse cenário não fosse um problema quando os discos rígidos eram menores, com volumes maiores essa limitação resultava em uma considerável quantidade de espaço desperdiçado.

Atualmente, o sistema de arquivos padrão para computadores Mac é o *Apple File System* (APFS), presente nas versões de sistema operacional macOS 10.13 ou posteriores. O APFS foi projetado com foco em criptografia robusta, compartilhamento de espaço de armazenamento e dimensionamento rápido de diretórios, entre outras melhorias em relação aos sistemas anteriores. Embora seja otimizado para SSDs/Flash, o APFS também pode ser usado em computadores mais antigos, com discos rígidos tradicionais (HDD – *hard disk drive*), assim como em dispositivos de armazenamento externo conectados ao computador.

Em sua operação, o APFS reserva espaço em disco dentro de uma partição, ou contêiner, de maneira dinâmica. Quando há apenas um contêiner, ele aloca automaticamente o espaço livre entre os volumes, conforme necessário. Mesmo que seja possível especificar uma cota de tamanho para cada volume, de maneira geral, o espaço disponível será igual ao tamanho total do contêiner menos o espaço ocupado pelos volumes.

O APFS oferece diferentes formatos para escolha em computadores Mac com macOS 10.13 ou posterior:

- **APFS**: Trata-se do formato padrão, sem criptografia ou distinção entre maiúsculas e minúsculas nos nomes dos arquivos.

- **APFS (Criptografado)**: Utiliza o formato APFS, criptografando o volume.

- **APFS (Distinção entre maiúsculas e minúsculas)**: Usa o formato APFS e aplica diferenciação entre letras maiúsculas e minúsculas em nomes de arquivos e pastas. Por exemplo, as pastas "Documentos" e "DOCUMENTOS" são duas pastas diferentes.

Além disso, volumes podem ser adicionados ou removidos facilmente de contêineres APFS, e cada volume pode ter seu próprio formato, como APFS, APFS (Criptografado), APFS (Distinção de maiúsculas) ou APFS (Distinção de maiúsculas e Criptografia).

3.4 Sistema de arquivos para CD-ROM/ DVD

Nem todos os sistemas de arquivos foram desenvolvidos para o armazenamento de dados em discos rígidos ou para acessar dados através de uma rede, como vimos até agora. Assim, em nosso trabalho de análise forense de mídias digitais, encontraremos sistemas de arquivos que foram criados especificamente para organizar e acessar os arquivos armazenados em CDs e DVDs.

As mídias de armazenamento no formato de discos que encontramos no mercado são o CD (*compact disc*) e o DVD (*digital video disc* ou *digital versatile disc*), ambos discos ópticos de 5 polegadas e visualmente semelhantes. No entanto, os CDs podem conter até 700 MB de dados, enquanto os DVDs são capazes de agrupar de 4,7 GB a 17 GB de dados. Os CDs foram projetados para registrar um álbum inteiro de músicas, e os DVDs, para armazenar um filme completo. Entretanto, tanto um quanto o outro podem armazenar diferentes tipos de dados (respeitados os limites de espaço de cada um).

Para os sistemas de armazenamento em discos ópticos, temos o *Universal Disk Format* (UDF), um sistema de arquivos desenvolvido pela Optical Storage Technology Association (Osta) e baseado no padrão ISSO-13346. O UDF utiliza uma estrutura de arquivos que pode ser acessada por qualquer computador ou sistema de CD/DVD (Tanenbaum; Austin, 2013). Contudo, esse padrão não foi inicialmente suportado pelos sistemas operacionais da Microsoft. A fim de contornar isso, a empresa lançou o formato UDF Bridge, encontrado na versão Windows 95, para fornecer suporte até o lançamento da versão subsequente. Então, para garantir que os DVDs pudessem ser reproduzidos e gravados em computadores com Windows, os fabricantes de DVD-ROM precisavam incluir suporte para ambos os padrões: UDF e UDF Bridge.

Posteriormente, em 1988, o padrão ISO-9660 foi desenvolvido como um formato para mídia de CD-ROM (*compact disc-read only memory*), também conhecido como *compact disc file system* (CDFS). Ele permitia que CDs criados em diferentes sistemas operacionais fossem acessados por outros sistemas operacionais. No CDFS, os dados são armazenados em uma estrutura de quadros de 24 *bytes* de comprimento, e para a criação de um disco, é necessário escolher entre três modos, a saber:

- **CD-ROM Modo 1**: Utilizado para gravar dados do computador, com nomes de arquivos limitados a oito caracteres, mais três para a extensão (ou seja, no formato 8.3).
- **CD-ROM Modo 2 Form1**: Embora apresente o mesmo formato do Modo 1, não é compatível com todos os sistemas. Permite nomes de arquivos com até 180 caracteres.
- **CD-ROM Modo 2 Form2**: Possibilita a fragmentação dos dados para gravação em incrementos no CD. É empregado em CDs de vídeo e outros dados tolerantes a falhas, em que erros, caso ocorram, geralmente não seriam detectados durante a visualização do conteúdo.

Com os avanços tecnológicos, foram desenvolvidas extensões para o padrão ISO-9660, a fim de resolver os problemas que o padrão original não contemplava. Alguns exemplos de extensões:

- **Joliet**: Resolve as limitações de nomes de arquivos, já que o padrão ISO-9660 não suportava nomes longos. O Joliet é compatível com todos os sistemas operacionais Windows a partir do Windows 95 e permite nomes de arquivos com até 64 caracteres.
- **Apple ISO9660 Extensions**: Desenvolvida pela Apple para resolver limitações nas propriedades dos arquivos armazenados em CDs. Como o HFS suporta mais propriedades do que o sistema de arquivos FAT e utiliza bifurcação de recursos e de dados para salvar arquivos, essa extensão permite que sistemas não Macintosh

acessem dados armazenados por computadores Macintosh e visualizem as propriedades desses arquivos.

- **RRIP (Rock Ridge Interchange Protocol)**: Corresponde ao protocolo IEEE P1282, usado para agrupar informações específicas de máquinas Unix e fornecer suporte a nomes de arquivos com até 255 caracteres.

- **El Torito**: O El Torito foi desenvolvido pela Phoenix Technologies, fabricante de BIOS (*Basic Input/Output System* – Sistema Integrado de Entrada e Saída) em parceria com a IBM (International Business Machines Corporation), com o objetivo de possibilitar a inicialização de computadores a partir de um CD. Assim, quando um CD que contém um programa de inicialização é inserido no *drive* de CD-ROM enquanto o computador está iniciando o sistema operacional, a BIOS atribui um número de unidade ao CD-ROM, permitindo que a máquina inicialize a partir desse dispositivo.

3.5 Partições e *clusters*

A formatação de um disco rígido com vistas à utilização de um sistema de arquivos específico só pode ocorrer após a unidade de disco ser particionada. Uma partição diz respeito a uma divisão lógica do disco rígido, permitindo que um único disco funcione como se fossem mais discos instalados no computador. Mesmo quando não criamos partições diferentes, e o disco inteiro está configurado como partição única, devemos definir uma partição para que o sistema operacional saiba que o disco será utilizado em sua totalidade. Depois disso, ela pode receber uma letra de unidade, como "C:", "D:" etc. e ser formatada para empregar um sistema de arquivos. Dessa maneira, ao formatarmos uma área do disco rígido e emitirmos uma letra de unidade, a partição passa a ser chamada de *volume* (Tanenbaum; Austin, 2013).

Se criarmos mais de uma partição, poderemos usar diferentes sistemas de arquivos, suportados pelo sistema operacional, em um único disco rígido. Por exemplo, em um volume de um computador com Windows, a unidade "C:" pode ser formatada como FAT32, e a unidade "D:", como NTFS. Da mesma forma, em um computador com Linux, uma partição pode ser formatada como ext e outra como ext2. Isso permite que um mesmo computador utilize recursos exclusivos de diferentes sistemas de arquivos.

Em máquinas que executam sistemas operacionais como Linux, MS-DOS ou Windows, é possível manter diferentes tipos de partições, cujos mais comuns são a **partição primária** e a **partição estendida**. A partição primária é aquela em que podemos instalar um sistema operacional. Ou seja, sua ativação ocorre assim que ligamos o computador e ele começa a carregar o sistema operacional. Uma partição primária pode existir sem um sistema operacional, mas, em sistemas operacionais mais antigos do Windows e do MS-DOS, a primeira partição instalada necessariamente tinha de ser primária. Nas versões mais recentes do Windows, é possível criar até quatro partições primárias, ou três primárias e uma estendida, em um único disco.

Por sua vez, a partição estendida pode ser subdividida em unidades lógicas adicionais. Diferente da partição primária, não é necessário atribuir uma letra de unidade a ela ou instalar um sistema de arquivos. Em vez disso, o sistema operacional pode criar várias unidades lógicas dentro da partição estendida. Cada unidade lógica terá sua própria letra de unidade e aparecerá como uma unidade separada. As únicas limitações para a criação dessas unidades lógicas referem-se ao espaço livre na partição estendida e ao número de letras de unidade disponíveis no sistema.

Quando criamos uma partição, podemos designá-la como *partição de inicialização, partição do sistema* ou ambas. A partição do sistema armazena os arquivos necessários para inicializar o computador, os quais atuam sempre que o computador é ligado (inicialização a frio) ou reiniciado a partir do sistema operacional (inicialização a quente). Já uma partição de inicialização corresponde a um volume que contém os arquivos de sistema usados para iniciar o sistema operacional. Depois que os arquivos de inicialização instalados na partição do sistema são acessados, o computador é inicializado e o sistema operacional começa a ser executado. Portanto, a partição do sistema diz respeito ao local no qual o sistema operacional está instalado, sendo que as partições de sistema e de inicialização podem existir como partições separadas ou em volumes distintos.

Já vimos de que maneira os setores armazenam dados em um disco rígido. Embora um HDD possa ter muitos setores, o primeiro setor de um disco rígido, chamado *setor 0*, sempre será o setor de inicialização. Ele contém os códigos necessários para iniciar o computador e é conhecido como *Master Boot Record* (MBR). Para que ocorra a inicialização, o MBR conta com uma tabela de partições que agrupa informações acerca de quais partições primárias devem ser criadas no disco rígido, permitindo que o computador inicie corretamente. Usando a tabela de partições no MBR, a máquina é capaz de entender como o disco rígido está organizado antes de realmente iniciar o sistema operacional. Após determinar a configuração das partições, o MBR transmite essas informações ao sistema operacional, que gerencia a utilização dos espaços de armazenamento de dados.

Da mesma forma que o NTFS recorre a uma tabela de arquivos mestre para registrar dados importantes a respeito do sistema de arquivos, a localização do arquivo espelho do MFT e o próprio MFT são armazenados no setor de inicialização. Para evitar que ocorram perdas de tais informações, uma cópia do setor de inicialização é guardada no centro lógico do disco, permitindo sua recuperação caso o setor original seja corrompido.

Agora que apresentamos a estrutura das partições e como elas operam durante a inicialização dos sistemas, passaremos a examinar a estrutura dos *clusters* no processo de armazenamento de dados nos discos rígidos.

Conforme expusemos anteriormente, *clusters* são grupos de dois ou mais setores consecutivos em um disco rígido e representam a menor quantidade de espaço em disco que pode ser alocada para armazenar um arquivo. Um setor normalmente tem 512 *bytes* de tamanho, mas, como os dados salvos no disco geralmente são maiores, mais de um setor é necessário para registrá-los. Assim, a fim de otimizar o processo de acesso aos dados, o computador procura mantê-los juntos, gravando-os em setores contíguos no disco. Dessa forma, ao ler ou gravar dados, o cabeçote de leitura/gravação pode acessá-los em uma única faixa do disco rígido, isto é, sem a necessidade de se mover entre as trilhas, o que reduz consideravelmente o tempo necessário para essas operações.

Ao contrário das trilhas e setores do disco rígido, os *clusters* são unidades lógicas de armazenamento de arquivos gerenciados pelo sistema operacional, que atribui um número exclusivo a cada *cluster* para localizar os arquivos armazenados nele. Ainda que a máquina tente manter os arquivos em *clusters* contíguos, isso nem sempre é possível, por isso, as informações de um único arquivo podem ser divididas entre *clusters* diferentes. Esse processo é "transparente", ou seja, não é possível que o usuário visualize de que maneira os dados são distribuídos nos *clusters*, os quais podem estar espalhados por várias áreas do disco.

Como os *clusters* são controlados pelo sistema operacional, o tamanho de cada um deles é determinado por diversos fatores, incluindo o sistema de arquivos utilizado. Durante o processo de formatação do disco, é possível especificar o tamanho do *cluster* que será usado. Por exemplo, no Windows, ao clicar com o botão direito em uma unidade no Windows Explorer, é exibido um menu de contexto com a opção de acessar o menu "Formatar". Na caixa de diálogo que se abrirá, será possível escolher o sistema de arquivos para formatação e o tamanho da unidade de alocação. Na lista suspensa, poderemos selecionar o tamanho dos *clusters* a serem criados, com opções que incluem 512 *bytes*, 1.024 *bytes*, 2.048 *bytes* e 4.096 *bytes*.¹

Nesse modelo de alocação de espaço nos discos rígidos, em que os *clusters* têm um tamanho fixo, os dados registrados em um *cluster* ocuparão o espaço necessário, independentemente de utilizarem ou não todo o *cluster*. Por exemplo, se definirmos um tamanho de *cluster* de 4.096 *bytes* e precisarmos salvar um arquivo de 10 *bytes*, todo o cluster de 4 KB será alocado, resultando em 4.086 *bytes* de espaço desperdiçado. Tal espaço é denominado *espaço ocioso* ou *folga de arquivo*. Em outras palavras, o espaço ocioso corresponde à área de armazenamento entre o final de um arquivo e o final do último *cluster* usado por esse arquivo.

Portanto, como o sistema operacional rastreia a localização dos arquivos com base na localização dos *clusters*, a aplicação destes no armazenamento de dados é inevitável, mas o espaço potencial de armazenamento sempre será desperdiçado, a menos que o tamanho do arquivo seja exatamente igual ao de um *cluster*. Esse desperdício ocorre porque, assim que um *cluster* é alocado para agrupar as informações de um arquivo específico, ele não pode ser reutilizado para armazenar dados de outros arquivos.

Assim, para reduzir esse desperdício de espaço e otimizar a alocação de armazenamento, é mais eficiente utilizar *clusters* menores, pois, dessa maneira, a quantidade de espaço ocioso no último *cluster* de um arquivo será menor. Logo, ao adotarmos *clusters* menores, reduzimos a quantidade de espaço desperdiçado e aproveitamos melhor o espaço disponível no disco.

---

1 Para converter um sistema de arquivos FAT em NTFS, é possível usar o programa CONVERT.EXE. Uma vez que os sistemas de arquivos FAT normalmente utilizam clusters de 512 KB, não há a opção de alterar o tamanho do *cluster*. Portanto, na conversão de FAT para NTFS, o tamanho do *cluster* sempre será 512 KB.

Todavia, mesmo adotando tamanhos menores de *clusters*, sempre haverá desperdício de uma certa quantidade de espaço em disco. Esse espaço ocioso pode ser estimado por meio da seguinte fórmula:

> Espaço ocioso total = (Tamanho do *cluster* / 2) * número de arquivos

Aplicando a fórmula: por exemplo, um disco rígido formatado com *clusters* de 2.048 *bytes* e 10.000 arquivos armazenados tem um espaço total desperdiçado de, aproximadamente, 10 MB, pois:

> (2.048 / 2) * 10.000 = 10.000 KB ou 10 MB

No contexto de uma perícia forense digital, qualquer ferramenta empregada para adquirir e analisar dados de um disco rígido também deve examinar o espaço ocioso. Trata-se de um fator crucial para a investigação de mídias digitais. Isso porque, quando um arquivo é excluído, as informações permanecem alocadas no espaço que não foi reatribuído a outro arquivo. Ainda que partes do arquivo sejam substituídas por novos dados, estes podem ser recuperados do espaço ocioso, o que pode ser decisivo para a investigação.

Já explicamos que cada *cluster* recebe um número exclusivo, e que o sistema operacional utiliza esses números para gerenciar onde os arquivos estão armazenados no disco rígido. Considerando que um disco pode armazenar milhares de arquivos e que cada arquivo pode ocupar um ou mais *clusters*, é possível assumir que um *cluster* venha a ser marcado incorretamente. Devido a essa falha, um sistema operacional pode, periodicamente, marcar um *cluster* como utilizado mesmo que ele não tenha sido atribuído a um arquivo, resultando no que chamamos de *cluster perdido*. Esses *clusters* também são conhecidos como *unidades de alocação perdidas* ou *fragmentos de arquivos perdidos*.

> **Importante!**
>
> Em sistemas Unix ou Linux, os *clusters* são chamados de *blocos*, e os *clusters* perdidos são denominados *blocos perdidos* ou *blocos órfãos*.

A ocorrência de *clusters* perdidos pode ser explicada por diversos fatores, como: falha de energia, desligamento incorreto do computador (sem encerrar os aplicativos, por exemplo), ejeção de mídias removíveis (como um *pendrive*) enquanto a máquina ainda está lendo ou gravando dados, entre outros. Nessas situações, os dados armazenados no cache (memória volátil) podem ter sido atribuídos a um *cluster*, mas sequer tenham sido gravados devido ao desligamento inesperado. Isto é, embora o *cluster* não esteja sendo realmente usado por um arquivo, ele não será listado como disponível para uso pelo sistema operacional.

Ainda em relação ao processo de investigação forense, é importante considerar que, embora os *clusters* perdidos normalmente estejam vazios, quando um *cluster* é alocado a um programa, mas nunca é liberado, ele pode conter dados, os quais podem ser fragmentos de arquivos ou dados corrompidos.

Para a identificação de *clusters* perdidos, é possível recorrer às mesmas ferramentas empregadas na marcação de setores defeituosos, tais como os programas ScanDisk e CheckDisk, que contam com funcionalidades de identificação desses *clusters*, bem como de recuperação dos dados neles armazenados. Após a recuperação de um *cluster* perdido, os dados são agrupados em arquivos identificados como *file####.chk*. Embora, na maioria das vezes, esses arquivos estejam vazios e possam ser excluídos, podemos visualizá-los com o Bloco de Notas ou outras ferramentas de texto. Desse modo, conseguimos acessar informações que antes estavam "perdidas" e que podem ser relevantes para uma investigação.

Em um sistema operacional Unix, o programa recomendado é o Filesystem Check (fsck), que identifica e corrige os blocos órfãos. Com essa ferramenta, os dados recuperados são salvos em arquivos em um diretório chamado "lost+found". Caso as informações obtidas não sejam úteis, poderemos apenas excluir esses arquivos. Assim, o *cluster* perdido será reatribuído e o espaço em disco será liberado.

3.6 Discos de inicialização e registros

Os discos de inicialização são ferramentas importantes no processo de análise de dados. Há não muito tempo, em sistemas operacionais mais antigos, como o MS-DOS, era possível alocar todo o sistema operacional em um disquete e iniciar o computador a partir dele. Porém, os sistemas operacionais modernos ocupam muito mais espaço em disco, o que inviabiliza esse procedimento. Atualmente, os discos de inicialização são disquetes ou CDs inicializáveis que contêm os arquivos essenciais necessários para iniciar o computador. Assim, se a máquina em análise apresentar falhas no sistema operacional, é possível recorrer a disquete ou CD de inicialização para acessar os dados.

Inclusive, é possível encontrar *sites* que oferecem "imagens" de disquetes e CDs de inicialização para diversos computadores e sistemas operacionais, desde o MS-DOS até as versões mais recentes do Windows, distribuições Linux e outros sistemas operacionais. Essas páginas disponibilizam arquivos compactados contendo a "imagem" do disco de inicialização desejado, a qual pode ser baixada, descompactada e copiada para o disco de inicialização.

Para entendermos melhor o armazenamento de dados em um computador e como o sistema operacional gerencia esse processo, é importante compreender o conceito de **registro**. Por exemplo, o registro do Windows (*Windows Registry*) é um banco de dados que armazena informações críticas de configuração e inicialização do sistema e dos aplicativos. Ele contém dados sobre o *hardware*, o sistema operacional, *softwares*, preferências do usuário e outros componentes do sistema. Quando promovemos alterações nos programas instalados por meio do Painel de Controle, do Windows Explorer e de outras ferramentas, essas configurações são armazenadas no registro. Também é possível modificar o registro diretamente, utilizando o Editor do Registro (*Registry Editor*), conforme ilustramos na Figura 3.1, a seguir.

Figura 3.1 – Editor de registro do Windows

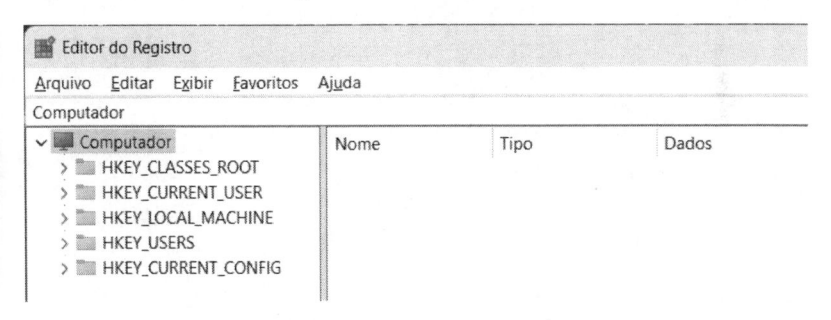

```
Editor do Registro
Arquivo  Editar  Exibir  Favoritos  Ajuda
Computador
  Computador                          Nome        Tipo        Dados
  > HKEY_CLASSES_ROOT
  > HKEY_CURRENT_USER
  > HKEY_LOCAL_MACHINE
  > HKEY_USERS
  > HKEY_CURRENT_CONFIG
```

Ao acessarmos o Editor de Registro, encontraremos no painel esquerdo do programa os grupos chamados de *chaves* (HKEY), que são:

- **HKEY_CLASSES_ROOT**: Contém informações sobre os aplicativos registrados, associações de extensões de arquivos e outras configurações necessárias para o *software*. Essa chave é derivada de HKEY_CURRENT_USER\Software\Classes e HKEY_LOCAL_MACHINE\Software\Classes.

- **HKEY_CURRENT_USER**: Armazena informações sobre o usuário atualmente conectado à máquina. Esses dados são derivados de uma subchave de HKEY_USERS relacionada à conta de usuário ativa no momento.

- **HKEY_LOCAL_MACHINE**: É usada para armazenar configurações comuns a todos os usuários que fazem *logon* no computador.

- **HKEY_USERS**: Contém as configurações para cada usuário que possui uma conta na máquina.

- **HKEY_CURRENT_CONFIG**: Armazena informações compiladas quando o computador é inicializado. As configurações nessa chave são geradas sempre que a máquina é ligada e não são mantidas permanentemente.

Ao selecionarmos cada uma das chaves do registro, encontramos subchaves adicionais, semelhantes a diretórios que contêm subdiretórios em um disco rígido. O caminho para uma subchave segue o mesmo padrão utilizado para os subdiretórios. Por exemplo, na Figura 3.2, temos a subchave "Schemes", logo abaixo da subchave "AppEvents", a qual, por sua vez, está sob a chave "HKEY_CURRENT_USER". Para determinar esse caminho diretamente, podemos utilizar a seguinte estrutura: HKEY_CURRENT_USER\AppEvents\Schemes.

Figura 3.2 – Exemplo de subchave de registro

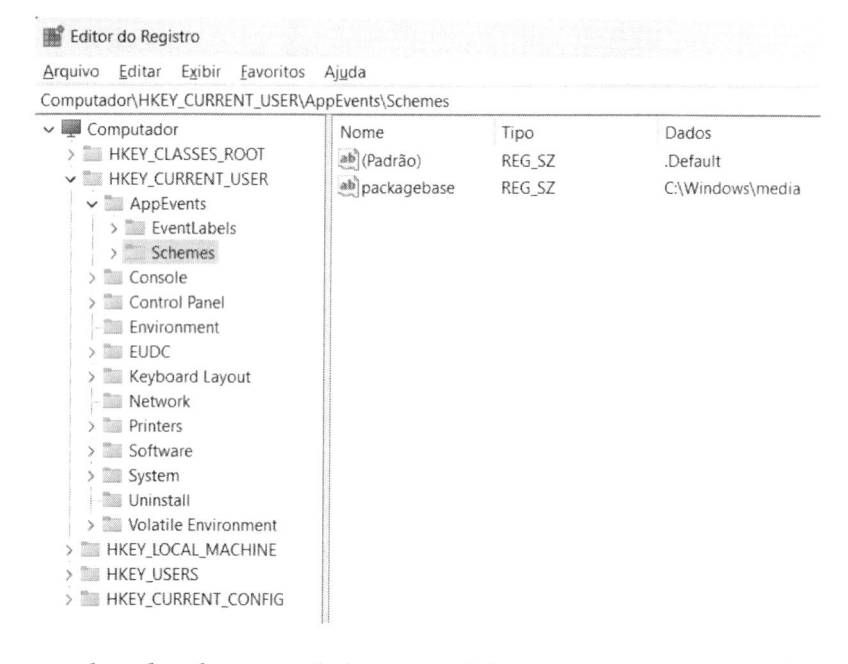

Nome	Tipo	Dados
(Padrão)	REG_SZ	.Default
packagebase	REG_SZ	C:\Windows\media

Computador\HKEY_CURRENT_USER\AppEvents\Schemes

- Computador
  - HKEY_CLASSES_ROOT
  - HKEY_CURRENT_USER
    - AppEvents
      - EventLabels
      - Schemes
    - Console
    - Control Panel
    - Environment
    - EUDC
    - Keyboard Layout
    - Network
    - Printers
    - Software
    - System
    - Uninstall
    - Volatile Environment
  - HKEY_LOCAL_MACHINE
  - HKEY_USERS
  - HKEY_CURRENT_CONFIG

Além das chaves e subchaves, também encontramos as entradas que correspondem ao computador ou à conta de usuário, denominadas *valores*. Assim, é possível obter valores distintos sob as diferentes chaves do registro, e todos eles utilizarão um dos seguintes tipos:

- Valor da cadeia de caracteres.
- Valor binário.
- Valor DWORD (um inteiro não assinado de 32 *bits*).
- Valor de várias cadeias de caracteres.
- Valor de cadeia de caracteres expansível.

No exemplo anterior, ao selecionarmos a chave "packagebase", será possível visualizar seu valor no formato binário, conforme ilustra a Figura 3.3.

Figura 3.3 – Valor binário da chave "packagebase"

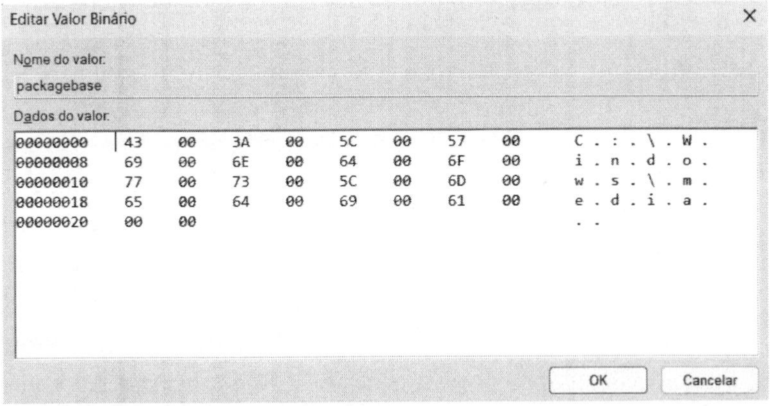

Editar Valor Binário									
Nome do valor:									
packagebase									
Dados do valor:									
00000000	43	00	3A	00	5C	00	57	00	C.:.\.W.
00000008	69	00	6E	00	64	00	6F	00	i.n.d.o.
00000010	77	00	73	00	5C	00	6D	00	w.s.\.m.
00000018	65	00	64	00	69	00	61	00	e.d.i.a.
00000020	00	00							..

Contarmos com essas informações armazenadas em um local centralizado, em vez de espalhadas em vários arquivos de inicialização e configuração, proporciona muitos benefícios ao usuário. Por outro lado, também torna o registro vulnerável a *hackers* e invasores. Inclusive, as ferramentas Regedit e Regedt32 do Windows permitem que um usuário se conecte ao registro de um sistema remoto na rede e faça alterações em suas configurações. Assim, um *hacker* poderia explorar essa capacidade com o objetivo de modificar informações críticas e, até mesmo, derrubar o sistema.

Portanto, para editar registros remotos a fim de garantir a segurança do registro, é necessário dispor dos privilégios de administrador do sistema. Todavia, não é possível editar o registro de um computador Windows, a menos que a administração remota tenha sido explicitamente habilitada por meio da instalação do serviço de registro remoto.

Detectar ataques ao registro do Windows pode ser desafiador, pois o sistema está frequentemente acessando esse programa, o que dificulta o processo de monitoramento. Entretanto, podemos recorrer a aplicativos, como o RegMon (ou equivalentes), para rastrear os acessos ao registro e compará-los com os métodos de ataque mais comuns, com vistas a reconhecer possíveis tentativas de invasão.

Até aqui, já vimos como os dados são organizados em um disco rígido e, também, de que forma o sistema operacional gerencia o espaço de armazenamento. Mas, como podemos, efetivamente, extrair dados desses dispositivos de armazenamento? A resposta, como já sabemos, é o uso das ferramentas forenses, que são capazes de adquirir evidências do disco rígido e analisar a estrutura de armazenamento nos *clusters* e seu conteúdo.

De todo modo, é importante recordamos que a primeira etapa do processo de análise de provas digitais é a duplicação dos dados, visando que as informações da máquina investigada sejam obtidas e, posteriormente, examinadas, com o objetivo de coletar os dados relevantes para o caso em questão (Araújo, 2020). Em cenários que não demandem uma investigação, mas sim a recuperação dos dados de um sistema, essas mesmas ferramentas podem ser úteis.

Por fim, é fundamental observar que, no mercado, existem muitas ferramentas que afirmam ser adequadas para análise forense computacional. No entanto, é imprescindível que qualquer ferramenta utilizada não modifique os dados originais de forma alguma.

Para saber mais

LINUX. Disponível em: <https://www.linux.org>. Acesso em: 23 nov. 2024.

MICROSOFT. Disponível em: <https://www.microsoft.com/pt-br>. Acesso em: 23 nov. 2024.

Como a cada dia estamos gerando um volume maior de informações digitais, os sistemas de armazenamento também têm apresentado um constante aumento de capacidade de armazenar dados. Dessa forma, para que os sistemas operacionais consigam gerenciar essa crescente quantidade de arquivos, os sistemas de arquivos também precisam evoluir.

Por essa razão, para nos mantermos atualizados em relação aos novos sistemas de arquivos, as páginas oficiais dos grandes desenvolvedores de sistemas operacionais, tais como a Microsoft e as diversas distribuições Linux, sempre serão importantes fontes de informação.

TANENBAUM, A. S.; AUSTIN, T. **Organização estruturada de computadores**. 6. ed. São Paulo: Pearson, 2013.

Os sistemas mais antigos não podem ser totalmente ignorados, pois podemos nos deparar com sistemas computacionais a serem analisados que ainda os utilizam. A literatura "clássica" da área, que trata da arquitetura de computadores e sistemas operacionais, contempla diversas obras, tal como o livro *Organização estruturada de computadores*, de Andrew Stuart Tanenbaum e Todd Austin.

Embora as tecnologias computacionais evoluam constantemente e em uma velocidade cada vez maior, o conhecimento abordado em obras como esta é essencial para a análise de provas armazenadas nesses sistemas computacionais "arcaicos".

Síntese

Em uma análise forense digital, os dispositivos de armazenamento de alta capacidade, tais como discos rígidos, discos ópticos e memórias *flash*, certamente são os principais elementos a serem investigados. Contudo, para que efetivamente seja possível examinar as informações registradas em tais mídias, é necessário compreender a organização lógica desses dados.

Diante do exposto, ao longo deste capítulo, explicamos em que consistem os sistemas de arquivos e tratamos da organização deles em partições e *clusters*. Nessa ótica, evidenciamos a necessidade de utilizarmos ferramentas de leitura de dados capazes de interpretar corretamente essa estruturação, isto é, de identificar o sistema de arquivos empregado e reconhecer como as informações estão distribuídas na superfície do disco. Somente depois disso é que será possível localizar os dados e decodificá-los.

Além dessa organização lógica dos arquivos, outro recurso associado aos sistemas operacionais diz respeito aos registros do sistema operacional, que auxiliam o perito digital a examinar o emprego de determinado dispositivo computacional, considerando, inclusive, sua utilização por usuários diferentes – o que poderia contribuir, por exemplo, para rastrear as ações de um eventual crime virtual em investigação.

Questões para revisão

1. Em relação aos sistemas de arquivos, as primeiras versões dos sistemas operacionais apresentavam uma limitação, que era conhecida como 8.3. Em termos práticos, em que consistia essa limitação?

2. No passado recente, um dos sistemas de arquivos mais utilizados foi o FAT16, uma evolução do FAT12. O novo sistema trouxe várias melhorias em relação ao anterior, mas o FAT16 original

ainda tinha uma restrição, semelhante ao FAT12. Qual restrição era essa?

a) Utilizava entradas na tabela de alocação com 12 *bits*.
b) Era usado apenas pelos sistemas operacionais da Microsoft, do MS-DOS ao Windows XP.
c) Era utilizado apenas pelos sistemas operacionais não Microsoft OS/2 e Linux.
d) Utilizava a designação de nomes de arquivos no formato 8.3.

3. O sistema de arquivos NTFS conta com um recurso de fundamental importância para a investigação forense de dados digitais: a disponibilização dos metadados referentes aos arquivos que estão sendo analisados/investigados. De que forma esse recurso é disponibilizado?

a) O NTFS automaticamente cria, em outro disco, uma cópia de todos os arquivos salvos em determinado disco.
b) O NTFS cria arquivos especiais, ocultos no sistema, em que armazena dados sobre arquivos, usuários e outras informações, cuja localização é salva na MFT (*master file table*).
c) O NTFS divide o disco em duas partições, salvando os metadados de todos os arquivos da partição primária na segunda partição.
d) O NTFS criptografa todos os arquivos junto com seus metadados, criando uma chave privada, específica para cada arquivo.

4. Um arquivo salvo um disco rígido é armazenado em um ou mais *clusters*, a depender tanto do tamanho desse arquivo quanto do espaço definido para os *clusters*. Porém, considerando que um *cluster* não pode ser utilizado por mais de um arquivo, haverá desperdício de espaço em disco, já que nem sempre o arquivo ocupará uma quantidade exata de *clusters* e, portanto, o último *cluster* terá um espaço ocioso. A respeito disso, assinale a alternativa que apresenta uma alternativa para minimizar esse desperdício de espaço:

a) Aumentar o número de arquivos salvos em um disco rígido, pois uma quantidade maior de arquivos diminuirá a média de espaço ocioso.

b) Aumentar o número de *clusters* em um disco, permitindo o armazenamento de mais arquivos e, com isso, reduzindo a quantidade de *clusters* necessários para cada arquivo.

c) Diminuir o tamanho dos *clusters*, para que o espaço ocioso do último *cluster* seja menor.

d) Aumentar o tamanho dos *clusters*, para que sejam necessários menos *clusters* por arquivo, diminuindo o espaço ocioso em cada um.

5. Em um processo de investigação forense, caso o sistema computacional em análise não esteja inicializando, o que poderia ser feito para acessar os dados gravados no disco rígido?

Questões para reflexão

1. É correto afirmarmos que existem sistemas de arquivos considerados obsoletos e, portanto, não é necessário contarmos com ferramentas capazes de suportá-los?

2. No processo de gravação de um disco rígido, é possível que ocorra a criação de *clusters* perdidos. A esse respeito, em uma investigação forense digital, em que medida esses *clusters* podem impactar o trabalho do perito?

3. Um recurso adicional do NTFS(*New Technology File System*), que está associado à segurança dos dados, refere-se à criptografia. Porém, ele pode ser um obstáculo ao processo de análise forense de uma mídia digital. Em qual cenário essa situação pode ocorrer?

4

DISPOSITIVOS DE MÍDIA E PROCESSAMENTO DE IMAGENS

Conteúdos do capítulo
- Dispositivos de mídia digital.
- DVDs e outros dispositivos de armazenamento.
- Arquivos de imagem.
- Processamento e análise de imagens.

Após o estudo deste capítulo, você será capaz de:

1. reconhecer os principais tipos de discos ópticos utilizados para o armazenamento de dados digitais, considerando as características, a estrutura e o processo de gravação dos dados em sua superfície;
2. analisar as principais características dos dispositivos de armazenamento do tipo memória *flash*, disponibilizados como cartões e *pendrives*, e diferenciar os modelos atualmente disponíveis em relação aos formatos mais antigos;
3. entender o processo de organização dos dados que compõem um arquivo de imagem digital, caracterizando os diversos formatos e as extensões empregadas nos arquivos de imagens;
4. explicar como ocorre a compactação de arquivos de imagem, com e sem perdas, bem como suas principais características e seu impacto no processo de investigação e análise forense de imagens digitais;
5. identificar as principais informações contidas nos arquivos de imagem, as quais são necessárias para a execução adequada da decodificação e da análise das imagens.

4.1 Dispositivos de mídia digital

Nos capítulos anteriores, em relação ao processo de gravação e leitura de dados digitais, sempre estivemos nos referindo aos discos rígidos. No entanto, existem outros tipos de mídias de armazenamento de dados, conhecidas como *mídias removíveis*. Elas se conectam a um computador por meio de uma porta, permitindo assim a transferência de dados entre o computador e o dispositivo de armazenamento. Podemos conectar o dispositivo à máquina, transferir os dados e, depois, removê-lo para utilizá-lo em outro PC, "transportando" os dados.

Entre os diferentes dispositivos de mídia digital, destacam-se:

- fita magnética;
- disquete;
- *compact disc* (CD);
- *digital versatile disc* (DVD);
- *blu-ray*;
- iPod;
- zune;
- memória *flash*.

4.1.1 Fita magnética

Nos primeiros sistemas computacionais, as **fitas magnéticas** eram um dos métodos mais utilizados para o registro de informações. Uma fita magnética consiste de uma tira plástica fina revestida com material magnético, em que os dados podem ser armazenados. Entre 1950 e 1970, os sistemas usavam fitas magnéticas de 10,5 polegadas, enquanto nos computadores domésticos do início da década de 1980, as fitas de áudio eram empregadas para agrupar programas e dados.

A fita magnética representava uma forma relativamente barata de armazenamento removível, especialmente para *backup* de dados.

Contudo, não era tão eficiente para acessos frequentes às informações, já que se tratava de um meio de acesso sequencial. Ou seja, era necessário avançar ou retroceder a fita para localizar os dados específicos. Em outras palavras, para ir do arquivo 1 ao arquivo 20, era necessário passar por todos os arquivos localizados entre estes, isto é, do 2 ao 19. Esse processo difere do que ocorre com as mídias de acesso direto, a exemplo dos discos rígidos, nos quais as cabeças de leitura e gravação podem ser movidas diretamente para o local onde os dados desejados estão armazenados, sem a necessidade de passar por todos os outros arquivos.

4.1.2 Disquete

Outro tipo de mídia removível bastante recorrente nos primórdios da computação pessoal foram os **disquetes** (Tanenbaum; Austin, 2013). Inicialmente, esses dispositivos, finos e flexíveis, tinham 8 polegadas de diâmetro, mas depois foram substituídos por discos de 5,25 polegadas. Mais tarde, surgiram os disquetes menores, de 3,5 polegadas (Figura 4.1), que, apesar de ainda serem flexíveis, eram mais rígidos e menos frágeis. A unidade de leitura e gravação dos disquetes possuía um motor que os fazia girar, permitindo que as cabeças da unidade, compostas por pequenos eletroímãs, realizassem a leitura e o registro de dados em diferentes espaços desses dispositivos. À época, a capacidade de armazenamento padrão dos disquetes era de 1,44 MB (*megabyte*).

Figura 4.1 – Disquete de 3,5"

4.1.3 CDs e DVDs

Outros exemplos de mídias removíveis muito empregadas no passado recente, e que ainda existem no mercado, são os **CDs** e **DVDs**. Com pouco menos de 5 polegadas de diâmetro, esses discos são feitos de plástico rígido e têm uma fina camada de revestimento. São classificados como *mídias ópticas*, pois as unidades de CD e DVD utilizam um feixe de *laser* combinado com um sensor optoeletrônico para gravar e ler os dados que são "queimados" no material de revestimento, cujo estado muda de reflexivo para não reflexivo ao ser aquecido pelo *laser*.

O nome *compact disc* se justifica pelo fato de que, inicialmente, os CDs eram usados para a gravação e a comercialização de discos de áudio. As empresas Philips e Sony ainda detêm a marca registrada dessa denominação. Desde a criação do CD, nos anos 1980, praticamente não houve alteração física nesse formato, já que a intenção era manter a compatibilidade física com as unidades instaladas na época, além de que a estrutura do CD era inovadora e quase ideal para essa função.

Até 1985, os CDs eram exclusivamente utilizados para a gravação de áudio. Contudo, depois desse ano, Philips e Sony introduziram o padrão CD-ROM (*compact disc-read only memory*), que se refere a qualquer CD de dados. No entanto, esse termo acabou se expandindo para designar também a unidade de CD-ROM responsável pela leitura dessa mídia de armazenamento óptico. Um CD-ROM pode agrupar até 700 MB de dados, razão pela qual se tornou comum para o armazenamento de informações.

Embora ambos funcionem de maneira bastante similar, os DVDs são capazes de armazenar mais dados que os CDs. Isso porque, além de os espaços de armazenamento e as faixas serem menores, essas mídias apresentam um método de correção de erros mais eficiente, que ocupa menos espaço; ademais, os DVDs podem conter duas camadas de armazenamento em cada lado do disco, ao contrário dos CDs, que possuem apenas uma camada (Tanenbaum; Austin, 2013).

A sigla DVD originalmente significava *digital video disc*, porém, mais tarde, passou a designar *digital versatile disc*. Ao longo dos anos, a sigla se tornou uma denominação genérica. Quando de seu surgimento, os DVDs eram empregados para o armazenamento de vídeo, mas logo se tornaram mídias para o registro de dados. Hoje, as unidades de DVD-ROM (Figura 4.2) que utilizamos em nossos computadores são capazes de ler e gravar dados não apenas em DVDs, mas também em CDs, tornando-se compatíveis com as versões anteriores.

Figura 4.2 – DVD-ROM

Então, podemos considerar que os DVDs representam uma evolução dos CDs, com pequenas alterações. Todavia, a invenção do CD, de fato, foi revolucionária em seu tempo. É importante entender que tanto os CDs quanto os DVDs são dispositivos eletro-ópticos, ao contrário de quase todos os outros periféricos de computador, que são eletromagnéticos. Assim, como não envolvem campos magnéticos na leitura ou gravação dos discos, eles são imunes a campos magnéticos de qualquer intensidade, diferentemente dos discos rígidos. Ou seja, as mídias de CD e DVD não são afetadas pelos efeitos do pulso eletromagnético (EMP, do inglês *electro-magnetic pulse*), dos raios X ou de outras fontes de radiação eletromagnética.

O principal aspecto a ser considerado em relação à mídia de CD gravável refere-se à transferência de energia, já que, para alterar o estado físico da mídia durante o processo de gravação com o *laser*, uma significativa quantidade de energia se faz necessária. Além disso, os discos regraváveis exigem ainda mais energia para apagar ou reescrever dados.

No processo de gravação, especialmente nos discos graváveis, para fazer a leitura dos dados gravados em mídias de CD e DVD, faz-se necessário ter uma fonte de iluminação, e, nesse caso em específico, essa fonte luminosa é emitida por meio de calor. Um *laser* infravermelho transfere os dados para o CD ou DVD, focando o feixe em uma pequena área e aplicando toda a energia do *laser* nesse ponto. Por isso, é fundamental observar o correto manuseio e armazenamento dessas mídias. Ambos são sensíveis ao calor e não devem ser mantidos em ambientes com temperaturas superiores a 49 °C (120 °F). As mídias graváveis também são sensíveis às luzes infravermelha e ultravioleta (UV), assim como a outras fontes de luz intensa, razão pela qual deve-se evitar a exposição a essas fontes.

Algumas mídias regraváveis podem ser afetadas pelos sistemas de apagamento das memórias EPROM (*erasable programmable read-only memory*), que utilizam uma fonte de luz UV intensa. Sendo assim, é preciso evitar a proximidade com esses dispositivos. De modo geral, várias fontes de luz alternativas forenses podem fornecer energia suficiente para interferir no funcionamento dessas mídias ópticas, principalmente se estiverem focadas em uma pequena área. Isto é, não se trata apenas de calor, mas sim de uma transferência de energia total que pode resultar em aquecimento.

As mídias de CD e DVD são organizadas em uma única linha de dados em um padrão espiralado. No CD, essa espiral tem mais de 6 km de comprimento, e no DVD ela atinge 12,5 km. O centro do disco corresponde ao ponto de partida da espiral, a qual vai se desenhando para a extremidade. Desse modo, durante a leitura ou gravação, o processo ocorre de dentro para fora, o que difere da organização dos discos rígidos, que estruturam as informações em cilindros e trilhas. Nos discos ópticos, emprega-se o termo *track* para se referir a um agrupamento de dados, em vez de cilindros ou trilhas.

Quanto à distribuição dos dados nos discos ópticos, as informações ao longo da espiral são espaçadas linearmente. Isso significa que a espiral contém mais informações na borda externa do disco do que no centro. Essa é mais uma diferença em comparação com os discos magnéticos, pois, para que essas informações sejam lidas a uma velocidade constante, a rotação do disco deve variar conforme os pontos ao longo da espiral.

Em termos de estrutura, os meios ópticos são compostos por camadas de diferentes materiais, como podemos observar na Figura 4.3, a seguir.

Figura 4.3 – As camadas do disco óptico

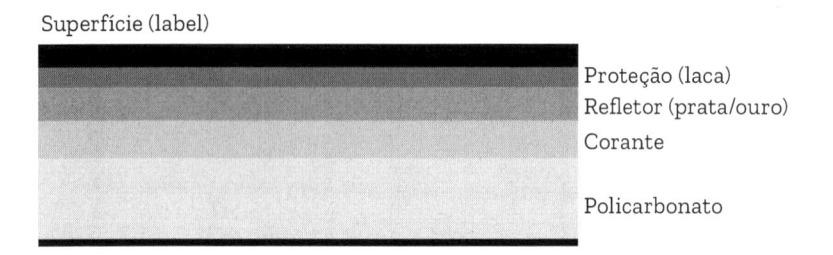

Superfície (label)

Proteção (laca)
Refletor (prata/ouro)
Corante

Policarbonato

Mesmo que todos os tipos de discos ópticos compartilhem uma estrutura semelhante, existem algumas diferenças importantes entre eles, a saber:

- **CD-R (*compact disc-recordable*)**: A camada de corante pode ser gravada apenas uma vez.
- **CD-ROM**: As informações são fabricadas diretamente no refletor, ou seja, sem a camada de corante.
- **CD-RW(*compact disc-read and write*)**: O corante é substituído por múltiplas camadas de diferentes ligas metálicas, as quais são biestáveis e podem ser alteradas várias vezes entre diversos estados.
- **DVD**: Composto por dois discos de meia espessura ligados entre si, ainda que apenas uma das superfícies tenha informações. Cada meio disco contém a camada de informação a 0,6 milímetro (mm) da superfície do disco.

Conforme vimos anteriormente, os DVDs consistem em dois discos de policarbonato, e cada um deles contém dados. A mídia gravável de um DVD utiliza uma camada de corante, o qual é ligeiramente diferente dos empregados nos CDs (CD-R). As informações da mídia de DVD gravada de fábrica são agrupadas diretamente no refletor, isto é, sem camada de corante. Por sua vez, a mídia de DVD regravável emprega camadas de ligas biestáveis, semelhantes às da mídia regravável de CD. Assim, as mídias gravadas de fábrica, tanto as que permitem apenas uma única gravação quanto as regraváveis, são fisicamente semelhantes se comparadas com as mídias de CD e DVD.

Com base no que vimos até aqui, podemos concluir que, para todos os tipos de mídia gravável, o ponto-chave é a existência de um refletor capaz de refletir a energia do *laser*. Os dados são representados pelo bloqueio do caminho até a camada de reflexão, a qual pode ser composta por corante ou uma liga metálica biestável. Além disso, compondo essa estrutura, temos o fundo do CD, feito de um pedaço relativamente grosso de plástico de policarbonato, e, alternativamente, a proteção, formada por uma fina camada de laca, no topo da estrutura. Dessa forma, pequenos arranhões no policarbonato não afetam o processo de leitura do disco, mas arranhões profundos certamente comprometem-na. Contudo, na camada de laca, até mesmo um simples arranhão é capaz de danificar o refletor. Ou seja, riscar a parte superior de um disco pode torná-lo ilegível, situação que deve ser considerada ao colocar um disco sobre a mesa, de cima para baixo, com o intuito de "protegê-lo". Por outro lado, o DVD possui camada de policarbonato em ambos os lados, dificultando o risco de arranhar o refletor.

Assim como os CDs, que possuem versões diferentes para finalidades distintas, os DVDs também apresentam uma grande variedade de tipos. Como mencionamos anteriormente, a capacidade de armazenamento de um DVD é consideravelmente maior que a de um CD:

pode variar de 4,5 GB (*gigabytes*) em um disco de camada única e lado único a 17 GB em um DVD de camada dupla e dupla face.

Alguns exemplos de tipos de DVDs disponíveis no mercado incluem:

- **DVD-R**: Disco que armazena até 4,5 GB de dados, permitindo uma única gravação e de leitura ilimitada. Em outras palavras, uma vez gravado, os dados no DVD não podem ser modificados.

- **DVD+R**: O sinal de "mais" indica se trata de um DVD regravável, também capaz de armazenar até 4,5 GB de dados, sendo fisicamente muito semelhante ao DVD-R. A escolha entre os discos DVD-R e DVD+R deve ser feita com base no uso pretendido. Há evidências de que os discos DVD-R são mais compatíveis com gravadores de DVD do que os discos DVD+R. No entanto, alguns reprodutores de DVD podem ler apenas discos DVD+R. De modo geral, os discos DVD-R tendem a ser a melhor opção em relação à compatibilidade, principalmente se o disco a ser gravado contiver arquivos de dados. A maioria das primeiras unidades de DVD-ROM era capaz de ler discos DVD-R, mas incapaz de ler os discos DVD+R. Já os gravadores de DVD, que registram discos DVD+R/RW, leem apenas discos DVD-R.

- **DVD-RW**: A sigla RW significa *read/write* (ler/gravar). Os discos RW permitem uma média de 1.000 gravações em cada posição antes de falharem. Um disco DVD-RW pode armazenar até 4,5 GB de dados.

- **DVD+R DL (camada dupla)**: Extensão do padrão DVD, permite gravação em camada dupla, possibilitando o armazenamento de até 8,5 GB de dados em um disco. A maioria das unidades de DVD atuais suporta a leitura e a gravação de discos DVD+R DL.

- **DVD+RW**: Os discos DVD+RW também garante uma média de 1.000 gravações em cada posição antes de falharem. Além de ser regravável, é capaz de armazenar até 4,5 GB de dados.

- **DVD-RAM**: Formato de mídia relativamente obsoleto, voltado para discos regraváveis com alta durabilidade, possibilitando mais de 10.000 gravações. No entanto, devido a problemas de interoperabilidade, os discos DVD-RAM nunca foram amplamente adotados.

Existe, ainda, o formato HD-DVD (*high definition digital versatile disc*). Desenvolvido por Toshiba e NEC para ser um sucessor de alta densidade do DVD "convencional", trata-se de um método de gravação de vídeo de alta definição em discos ópticos. Um HD-DVD de camada única pode armazenar até 15 GB de dados, enquanto um disco de camada dupla pode conter até 30 GB. Criado inicialmente para vídeos de alta definição, em 2006 foram lançadas as unidades HD-DVD ROM para computadores, permitindo seu uso como mídia de armazenamento óptico nos PCs (*personal computers* – computadores pessoais).

Os discos HD-DVD foram projetados para oferecer uma grande capacidade de armazenamento devido à quantidade de dados necessária para gravar imagens de transmissões de TV em alta definição (HDTV – *high-definition television*) e vídeos em alta resolução. Por exemplo, em um HD-DVD de camada dupla, é possível gravar até oito horas de HDTV ou 48 horas de vídeo padrão. A diferença entre esses dois tipos de conteúdo está no fato de que o HDTV usa 1.125 linhas de vídeo digital, o que requer um espaço de armazenamento consideravelmente maior. As unidades de HD-DVD ROM eram usadas de maneira semelhante aos antigos videocassetes, que gravavam vídeos em fitas VHS (*Video Home System*).

Ademais, possuem uma taxa de transferência de 36 Mbps, portanto, 12 Mbps a mais que o utilizado para transmitir sinais de HDTV.

4.1.4 Blu-ray

Atualmente, uma das mídias mais utilizadas para gravação de vídeo é o padrão **blu-ray**, principal concorrente do HD-DVD. Trata-se de um método de armazenamenFo óptico de alta densidade, desenvolvido para comportar vídeos de alta definição. A denominação *blu-ray* provém do *laser* azul-violeta usado para leitura e gravação. Um disco de camada única pode armazenar até 25 GB (*gigabytes*) de dados, enquanto o de camada dupla é capaz de agrupar até 50 GB. Além da gravação de vídeos, as unidades *blu-ray* ainda possibilitam gravação e reprodução de dados em computadores.

Figura 4.4 – Reprodutor de *blu-ray*

Peter Kotoff/Shutterstock

Embora existam leitores e gravadores exclusivos para *blu-ray* e HD-DVD, também podemos encontrar dispositivos que reproduzem qualquer uma das duas tecnologias.

4.1.5 iPod

Outro dispositivo capaz de armazenar dados e informações é o **iPod** (Figura 4.5), marca de *media players* portáteis desenvolvida pela Apple em 2001. Inicialmente, os iPods foram projetados para tocar arquivos de áudio, mas, em 2005, a capacidade de reproduzir outros tipos de mídia foi adicionada. A Apple lançou diversas variações desse dispositivo, com variadas capacidades de armazenamento. Nesse sentido, existem versões que utilizam um disco rígido interno para armazenamento, ao passo que o iPod Nano e o iPod Shuffle empregam memória *flash*. A mídia se popularizou tanto que a própria denominação *iPod* passou a ser usada para designar qualquer *media player* portátil.

Os dispositivos iPod possibilitam o armazenamento e a reprodução de músicas e vídeos, sendo que a transferência dos arquivos ocorre a partir de um computador. Os arquivos de áudio e vídeo podem ser comprados diretamente da iTunes Store. No entanto, é prática bastante comum, no mercado, a aquisição ilegal de arquivos de áudio, que são baixados pela internet por meio de *softwares peer-to-peer* (P2P), ou, ainda, compartilhados entre dispositivos, o que configura pirataria digital.

Figura 4.5 – iPod

Graças à capacidade de armazenar diversos tipos de dados, os iPods podem representar uma grande dificuldade em um processo de investigação forense – a menos que a investigação seja sobre o *download* ilegal de arquivos de música ou vídeos. Por serem capazes de armazenar e transferir fotos, arquivos de vídeo, calendários e outros dados, eles podem funcionar como dispositivos de armazenamento para qualquer tipo de arquivo relevante para uma investigação. Para ativar essa funcionalidade, é necessário selecionar a opção "Ativar uso do disco" no iTunes, o que permitirá a transferência de arquivos para o iPod. No entanto, como todos os arquivos de mídia são comportados em uma pasta oculta, será preciso habilitar a visualização de arquivos ocultos no computador a fim de localizar todos os arquivos guardados no iPod em análise.

Os iPods utilizam um sistema de arquivos baseado na formatação do dispositivo, de tal forma que, ao ser conectado a um PC, ele adota o sistema de arquivos correspondente ao tipo de máquina ao qual está se vinculando. Caso sua formatação seja feita no Windows, o iPod usará o sistema de arquivos NTFS. Por sua vez, ao ser formatado em uma máquina com Macintosh OS X, ele será configurado para utilizar o sistema de arquivos HFS Plus. A exceção é o iPod Shuffle, que emprega exclusivamente o sistema de arquivos FAT32.

4.1.6 Zune

O **Zune** é um dispositivo que, embora ainda seja encontrado no mercado, já é classificado como obsoleto. Lançado pela Microsoft em 2006, o Zune entrou tardiamente no mercado de mídia digital portátil, com o objetivo de competir com o iPod. Trata-se de um dispositivo para a reprodução de mídia portátil capaz de comportar áudio, vídeo, imagens e outros dados. Uma característica interessante do Zune diz respeito à possibilidade de compartilhar arquivos com outros Zunes por meio de comunicação sem fio. Além de se conectar a um computador, o Zune também podia ser vinculado a um Xbox via USB (*universal serial bus*). No entanto, em 2011, a Microsoft descontinuou o produto.

Apesar de ser considerado obsoleto, é importante que, em um processo de investigação forense, possamos identificar corretamente o dispositivo que estamos analisando, para escolhermos a ferramenta mais adequada para examinarmos as informações registradas nesse tipo de mídia.

4.1.7 Memória *flash*

Nos processos de investigação digital, em relação aos dispositivos de armazenamento e transferência de dados, o tipo de mídia mais recorrente, depois dos discos rígidos, são os cartões de **memória *flash***, extremamente populares na atualidade (Tanenbaum; Austin, 2013). Esses cartões podem ser encontrados em versões que variam de 8 MB a 8 GB, ou com capacidades ainda maiores, e comumente são utilizados para armazenar fotos em câmeras digitais, bem como para transferir programas e dados entre computadores portáteis.

Embora esses dispositivos sejam frequentemente chamados de *cartões de memória*, é importante observar que eles se diferenciam da memória RAM. A memória *flash* consiste em uma forma de armazenamento não volátil, ou seja, os dados gravados nela são retidos até que possam ser deliberadamente apagados ou substituídos. Nesse sentido, leitores e gravadores de memória *flash* estão presentes em dispositivos portáteis e *notebooks*, e também podem ser usados por leitores externos conectados ao PC via interface USB.

Existem diversos tipos de cartões de memória *flash*, tais como:

- *Secure Digital* (SD).
- *Compact Flash* (CF).
- *Memory Stick* (MS).
- *MultiMediaCard* (MMC).
- xD-Picture Card (xD).
- *SmartMedia* (SM).
- Unidades *flash* USB.

Certamente, entre esses tipos de cartões, as unidades *flash* USB são as mais utilizadas atualmente. Esses pequenos dispositivos de armazenamento portáteis usam a interface USB para se conectar diretamente a um computador. Usualmente conhecidos como *pendrives*, os cartões de memória *flash* são removíveis e regraváveis, razão pela qual se popularizaram rapidamente. Além disso, eles podem ser conectados diretamente às interfaces USB presentes na maioria dos computadores atuais, seja em PCs, seja em *notebooks*. Atualmente, há versões com capacidades de armazenamento que variam de 2 GB a 128 GB.

As unidades *flash* USB são compostas por uma placa de circuito impresso que contém o *chip* de memória *flash*, alocado em um invólucro de plástico ou metal. Em uma das extremidades, há um conector USB macho saliente que, em algumas unidades, é protegido por tampas ou mecanismos de proteção. Na Figura 4.6, observe que a proteção metálica pode girar ao redor do dispositivo.

Figura 4.6 – *Flash* USB

Quando precisamos transferir dados de/para um computador, basta simplesmente inserir a unidade *flash* USB diretamente em uma das portas USB do PC. Alternativamente, também é possível utilizar um *hub* USB (Figura 4.7), que permite ligar vários dispositivos à mesma máquina. O *hub* USB pode ser um dos componentes de *hardware* de um *kit* de computação forense, pois ele possibilita a conexão de múltiplos dispositivos simultaneamente, o que se mostra particularmente útil considerando que a quantidade de portas USB de um computador, especialmente em *notebooks*, costuma ser limitada.

Figura 4.7 – *Hub* USB

Embora as unidades *flash* USB ofereçam opções limitadas em termos de *hardware*, existem modelos que possuem um *software* armazenado internamente e que contêm recursos adicionais. Um exemplo de recurso refere-se à segurança dos dados por meio de criptografia. Com essa funcionalidade, é possível resguardar os dados armazenados no dispositivo ao inserir uma senha de acesso.

Outro recurso bastante útil é a compressão, que se trata de registrar uma quantidade maior de dados no mesmo espaço. Além disso, existem diversos programas desenvolvidos para serem executados diretamente a partir de uma unidade *flash* USB, e não de um disco rígido. Exemplos disso são os navegadores de internet, capazes de armazenar o histórico de navegação e arquivos temporários no dispositivo, dificultando a identificação dos hábitos de navegação de um usuário específico.

4.2 Arquivos de imagem

Arquivo de imagem é qualquer imagem ou representação gráfica armazenada digitalmente, geralmente contendo fotografias, desenhos ou outros tipos de gráficos que não envolvem movimento ou animação. Entretanto, dada a variedade de formatos de arquivo que existem, cada um oferece suporte a diferentes recursos. Um exemplo de recurso diz respeito à capacidade de armazenar as imagens como parte de uma apresentação ou como quadros individuais, isto é, as imagens se movem quando são reproduzidas. Assim, para utilizar esse formato, é necessário considerar que as imagens compondo o objeto ou a cena retratada podem ser diferentes umas das outras.

Quando analisamos uma imagem, o primeiro aspecto a ser levado em conta refere-se à maneira como ela é digitalizada. Isso porque, em função do processo adotado, a qualidade de sua exibição poderá ser limitada, caso esse arquivo digital seja utilizado para reproduzir a imagem original em algum dispositivo que permita sua visualização, como o monitor de um computador. Por exemplo, a depender do tamanho da tela ou de sua proporção entre altura e largura, a imagem poderá apresentar distorção ou granulação. Inclusive, a imagem poderá ser completamente distorcida, caso o processo de decodificação utilizado não seja o correto, pois ele executará a "função inversa" da que foi empregada na digitalização e na codificação da imagem original.

Dando sequência ao exposto até o momento, as imagens podem ser classificadas em três tipos principais:

- Imagens *raster*.
- Imagens vetoriais.
- Imagens de metarquivo.

4.2.1 Imagens *raster*

O primeiro tipo de imagem que abordaremos são as imagens raster, elementos gráficos criados ou capturados como um conjunto de *pixels*, os quais são mapeados em uma grade. O termo *pixel* é uma abreviação da expressão *picture element*, que corresponde ao menor elemento de uma imagem digital. Basicamente, um *pixel* é um ponto, na tela, iluminado em cores ou de forma monocromática, e cada pixel contém informações programáveis que definem sua cor, seu tamanho e sua localização na imagem. Se a quantidade de *pixels* mapeados para as coordenadas x (horizontal) e y (vertical) é suficiente, a imagem é exibida na tela. Como uma imagem raster é mapeada *pixel* a *pixel*, ela também é chamada de imagem *bitmap*.

Derivado do latim *rastrum*, o termo *raster* descreve a maneira como a imagem é exibida na tela: ela é renderizada *pixel* a *pixel*, em um movimento vertical e/ou horizontal que "varre" a tela até que a imagem seja exibida completamente. Esse efeito pode ser observado quando uma imagem está sendo acessada pela internet e é transmitida e exibida lentamente na tela do computador.

Nas imagens do tipo *raster*, os *pixels* são usados para medir o tamanho e a resolução. O tamanho da imagem é determinado pelo número de *pixels* alinhados horizontal e verticalmente. Por exemplo, uma imagem de 640 x 480 possui 640 *pixels* de largura e 480 *pixels* de altura. A resolução refere-se à nitidez da imagem e diz respeito à quantidade de *pixels* usados – portanto, quanto mais *pixels* há em uma imagem, maior é sua resolução.

A resolução é medida em pontos por polegada (do inglês *dots per inch* – dpp), isto é, o número de pixels presentes em um espaço de 1 polegada da imagem digitalizada. Por exemplo, uma imagem com resolução de 71 dpi utiliza 71 pontos (*pixels*) em cada polegada. Como essa imagem apresenta poucos *pixels*, ela é considerada de baixa resolução, o que resulta em um menor tamanho de arquivo e facilita sua transmissão pela internet. Em contrapartida, imagens de alta resolução, com 300 dpi ou mais, por exemplo, são bastante adequadas quando há necessidade de imprimi-las.

Se redimensionarmos uma imagem raster, a resolução da imagem não mudará, o que poderá afetar drasticamente sua aparência. Uma imagem desse tipo que tem seu tamanho aumentado também apresenta bordas que parecem irregulares, pois os *pixels* que a compõem se tornam mais visíveis. Por outro lado, essa distorção não ocorre no caso de redução da imagem raster.

Ademais, um importante aspecto referente à avaliação da qualidade de uma imagem é o nível de cor, descrito pela expressão *profundidade de cor*, que diz respeito à quantidade de *bits* utilizados para representar a cor de um *pixel*, sendo medida em *bits per pixel* (bpp). Portanto, quanto mais *bits* forem usados para representar cada *pixel*, mais cores poderão ser exibidas. Para compreender melhor esse conceito, é importante lembrar que cada cor é fruto de uma combinação entre vermelho, verde e azul (em inglês, *red, green, blue* – RGB). Ou seja, quanto maior for o número de combinações possíveis dessas três cores, maior será o espectro disponível para definir uma tonalidade específica.

As imagens raster podem utilizar até três *bytes* para especificar a cor de um *pixel*, sendo que cada *byte* representa uma das cores que compõem o sistema RGB. Por exemplo, uma imagem que emprega 8 *bits* para representar as cores é capaz de exibir 256 tonalidades diferentes. Por sua vez, com 16 *bits*, no padrão conhecido como *high color*, é possível representar até 65.000 cores. Já o padrão *true color* serve-se de 24 *bits*, possibilitando a exibição de incríveis 16 milhões de cores diferentes.

4.2.2 Imagens vetoriais

As imagens vetoriais são geradas a partir de informações matemáticas que elas próprias armazenam. Tais dados orientam o *software* utilizado para reproduzir essas imagens em relação à aspectos como posição, largura, comprimento, direção etc. Para a criação de imagens estruturadas ou vetoriais, os programas mais comumente empregados são o Adobe Illustrator e o Corel Draw.

Esse formato de imagem também pode ser utilizado em *softwares* do tipo *Computer-Aided Design* (CAD) para a elaboração de desenhos, projetos, diagramas, plantas ou renderizações 3D de objetos. Esses programas geram imagens a partir de formas definidas, como círculos, quadrados, linhas e outros elementos, que são objetos independentes no gráfico em desenvolvimento, ao contrário dos *pixels* individuais aplicados nas imagens raster.

As imagens vetoriais são frequentemente empregadas na publicidade e para impressão. Isso porque, ao serem ampliadas ou reduzidas, elas mantêm a resolução. Como resultado, uma imagem vetorial pode ser utilizada tanto em um pequeno adesivo quanto em um grande *outdoor*, sem perder qualidade – o que não ocorreria com uma imagem raster, que perderia definição ao ser expandida. Todavia, uma imagem vetorial, em muitos casos, será "rasterizada", ou seja, renderizada em *pixels*, quando for necessário convertê-la em um gráfico raster para que seja usada em outros sistemas. Por exemplo, podemos criar um elemento gráfico no Adobe Illustrator, mas salvá-lo como uma imagem rasterizada para ser inserida em um *site* ou em documentos impressos.

No entanto, nem todos os programas oferecem suporte nativo para arquivos criados como gráficos vetoriais. Para aplicar gráficos vetoriais em páginas da *web*, é necessário fazer a inclusão de uma especificação XML (*Extensible Markup Language*), e usar o formato de arquivo *Scalable Vector Graphics* (SVG). Dessa forma, as imagens SVG, que incorporam gráficos vetoriais, imagens raster e textos, tornam-se portáteis e redimensionáveis, já que podem ser ampliadas ou reduzidas sem perder a qualidade. Com o XML, é possível incluir um arquivo SVG em uma página da internet, seja como gráfico simples, seja incorporando *scripts* que tornam a imagem interativa.

4.2.3 Imagens de metarquivo

Além das imagens raster e vetoriais, existem também as imagens do tipo metarquivo, que podem conter uma combinação de dados raster, vetoriais e outros tipos de informações. Por conta disso, é possível ampliar ou reduzir uma imagem sem perder resolução, o que faz com que ela mantenha sua qualidade independentemente do redimensionamento.

Alguns tipos de imagens de metarquivo que utilizamos são:

- *Encapsulated PostScript* (EPS) – usa a extensão de arquivo ".eps";
- *Computer Graphics Metafile* (CGM) – usa a extensão de arquivo ".cgm";
- *Windows Metafile Format* (WMF) – usa a extensão de arquivo ".wmf";
- *Enhanced Metafile* (EMF) – usa a extensão de arquivo ".emf".

Agora que já tratamos dos tipos de imagens, vamos explorar os formatos de arquivo de imagem e suas características. Atualmente, as imagens digitais são armazenadas em diversos formatos de arquivo, sendo que cada um apresenta vantagens e desvantagens, o que pode influenciar tanto na qualidade da imagem quanto na forma como ela será utilizada.

Alguns dos formatos de arquivo mais comuns para o armazenamento de imagens raster são:

- BMP (*bitmap*);
- GIF (*graphics interchange format*);
- PNG (*portable network graphics*);
- JPEG (*joint photographic experts group*);
- JPEG 2000;
- TIFF (*tagged image file format*).

BMP

Como estamos tratando de imagens raster, que são imagens do tipo *bitmap*, o formato de arquivo mais "óbvio" é o BMP, que há muitos anos tem sido amplamente utilizado em sistemas operacionais como Windows e OS/2. O arquivo BMP suporta uma profundidade de cor de até 24 *bits*, permitindo representar até 16,7 milhões de cores. Podemos encontrar imagens BMP, por exemplo, no logotipo que aparece quando o Windows é iniciado ou como papel de parede na área de trabalho. Outro uso comum de arquivos nesse formato refere-se a imagens ou documentos digitalizados.

Uma das "limitações" do formato BMP diz respeito ao fato de que ele não utiliza compressão, o que resulta em arquivos geralmente grandes e, portanto, não adequados para transmissão pela internet. Apesar disso, os navegadores oferecem suporte a arquivos BMP, permitindo que eles sejam carregados a partir de páginas da *web* ou baixados diretamente no computador. Por essa razão, em uma análise forense em um PC, não devemos automaticamente assumir que um arquivo BMP é um arquivo de sistema; é necessário conduzir uma análise mais aprofundada, pois ele pode conter informações relevantes para o processo investigativo.

GIF

Um dos formatos de imagem mais populares na internet, o GIF permite o armazenamento de imagens utilizando uma paleta de 8 *bits*, que limita a 256 a quantidade de cores possíveis. Por conta dessa limitação, os arquivos GIF são mais adequados para representações de gráficos simples, desenhos animados, logotipos e outras imagens com um número restrito de cores e pouco detalhamento.

Originalmente lançado pela CompuServe, em 1987, recebeu uma atualização em 1989, que trouxe novos recursos:

- **GIF87A**: Conta com recursos básicos e a capacidade de entrelaçar gráficos.

- **GIF89A**: Além das características do formato anterior, também proporcionou suporte para transparência, inclusão de comentários no arquivo e animação.

Além das versões iniciais, o formato também evoluiu para a versão "animada" em 1995, a qual possibilitou a elaboração de animações em *loop* com imagens GIF, tornando-o ainda mais popular para a criação de conteúdos dinâmicos na *web*.

Uma das características mais importantes referentes ao processamento de imagens é o entrelaçamento. Quando abrimos um GIF ou outra imagem em um navegador ou programa, ela não será exibida até que tenha sido completamente carregada. No entanto, ao abrir um GIF entrelaçado, a imagem vai sendo exibida à medida que os dados são transmitidos. Caso não seja entrelaçado, a imagem será carregada de cima para baixo (como uma cortina sendo puxada). Por outro lado, no GIF entrelaçado, a imagem vai surgindo em linhas alternadas, isto é, acompanhando o recebimento dos dados pelo computador (quanto mais dados são transferidos, mais nítida é a imagem). Por esse motivo, o entrelaçamento também é chamado de *codificação progressiva*.

Outro atributo inerente aos arquivos GIF diz respeito à transparência. Um GIF transparente corresponde a uma imagem na qual uma cor (entre 256) é definida como totalmente transparente. Quando a transparência é aplicada a uma cor específica, todas as áreas da imagem que empregam essa cor se tornam invisíveis, permitindo que o plano de fundo da página ou do documento seja visualizado através da imagem, enquanto as outras cores, que não são transparentes, permanecem opacas e visíveis. Esse recurso é útil, por exemplo, em logotipos ou outras imagens com um fundo colorido, pois, assim, a imagem aparece sem um fundo sólido. Por sua vez, quando a cor de fundo é estabelecida como transparente, o restante da imagem parece "impresso" diretamente na página.

Por fim, temos os GIFs animados, que contêm uma sequência de imagens, chamadas de *frames*. Logo, quando o GIF é carregado, tais imagens são exibidas em sequência, criando a sensação de movimento – processo semelhante ocorre em produções cinematográficas, por exemplo, em que quadros individuais de um filme são reproduzidos rapidamente, dando a ilusão de movimento. Ainda, levando em conta que uma animação consiste de várias imagens, também podemos adicionar outros dados ao arquivo, tais como comentários. Embora não fiquem visíveis durante a reprodução da imagem, eles podem fornecer informações úteis, como a autoria do arquivo ou outros detalhes técnicos.

PNG

O PNG foi desenvolvido para ser o sucessor de código aberto do formato GIF, incorporando várias melhorias em relação ao seu antecessor. Ele contempla cores de 24 *bits*, possibilita a transparência em áreas da imagem, oferece suporte ao entrelaçamento e utiliza uma variedade de métodos de compressão, porém, diferentemente do GIF, não permite animação. Para contornar isso, foi criado o formato complementar MNG (*multiple image network graphics*).

A animação não foi incluída no PNG porque os GIFs animados eram raramente utilizados e, ainda por cima, muitas vezes eram vistos como distrações em páginas da internet. No entanto, à medida que outras tecnologias dinâmicas, como Shockwave e Flash, ganharam popularidade, o interesse por animações aumentou.

Embora a especificação inicial do PNG tenha sido desenvolvida em 1996, demorou para que os *browsers* de acesso à internet oferecessem suporte a esse formato. No início, poucos navegadores eram compatíveis com o PNG, mas, atualmente, ele funciona completamente em praticamente todos os principais navegadores.

JPEG e JPEG 2000

As imagens JPEG – cuja sigla advém das iniciais do comitê responsável por desenvolver esse formato – suportam cores de 24 *bits* e oferecem compressão para reduzir o tamanho dos arquivos. Além disso, a profundidade de cor é superior à do formato GIF, portanto, a qualidade de imagem é melhor, ao mesmo tempo que o tamanho do arquivo é gerenciável. Isso explica por que o JPEG é mais utilizado para o envio de imagens pela internet.

O formato também possibilita o entrelaçamento – conhecido como *JPEG progressivo* – que exibe a imagem em uma série de etapas. Ela começa com uma resolução baixa e vai ganhando nitidez à medida que mais dados são carregados. Ainda, mesmo com o JPEG entrelaçado, a profundidade de cor e a qualidade da imagem permanecem as mesmas presentes em um JPEG não entrelaçado.

A versão denominada *JPEG 2000* foi desenvolvida como sucessora do JPEG original e desde 1994 é aceita como padrão. Além de oferecer os recursos de compressão e suporte a cores de 24 *bits*, encontrados na versão anterior, o JPEG 2000 recebeu, como adição, a capacidade de suporte para transparência. Como a compressão no JPEG 2000 é mais eficiente, pois a imagem não perde tanta qualidade em comparação com o formato original, ele é mais utilizado em câmeras digitais e em *softwares* que exigem alta qualidade de imagem.

TIFF

O último formato de arquivo de imagem que vamos abordar é o TIFF, que desde sua criação tem sido muito empregado para impressão, sendo o formato mais frequente nas áreas de editoração eletrônica e *design* gráfico. Desenvolvido na década de 1980, o TIFF foi inicialmente concebido com o objetivo de ser um padrão para salvar imagens digitalizadas. Ou seja, o intuito era evitar formatos proprietários, permitindo que qualquer *scanner* fosse capaz de suportar o formato TIFF ao digitalizar uma imagem ou um documento. Com o tempo, à medida que os *scanners* se tornaram mais sofisticados, o formato TIFF evoluiu e passou a suportar imagens em tons de cinza e coloridas.

Em contextos nos quais a qualidade da imagem é crucial – como em materiais impressos –, o TIFF é frequentemente aplicado para salvar imagens, mesmo as não digitalizadas. Ademais, o formato comporta uma extensa gama de cores, com profundidades que vão de 8 *bits* a 32 *bits*.

Graças à alta qualidade das imagens nesse formato, os arquivos TIFF geralmente são maiores, o que pode impactar a portabilidade para outros sistemas e sua utilização na internet. Isto é, o formato TIFF compreende gráficos de alta resolução e que, consequentemente, são de tamanho maior do que os arquivos JPEG ou de outros formatos de imagem, razão por que nem todos os navegadores o suportam. Além das imagens criadas ou editadas em programas gráficos, muitas câmeras digitais também oferecem o TIFF como um formato para armazenamento de fotos.

4.3 Processamento de imagens

Um dos recursos comumente empregados no processamento de imagens é a compressão de dados, pois os arquivos de imagem podem ser consideravelmente grandes, com muitas fotos, desenhos ou outros gráficos, chegando a *megabytes* (MB) ou até mesmo *gigabytes* (GB).

Esses arquivos podem levar alguns minutos para serem transferidos pela internet e, além disso, podem apresentar uma demora considerável ao serem carregados de um disco rígido local. Assim, um tamanho de arquivo muito grande pode torná-lo inviável para determinadas finalidades.

Por essa razão, é necessário utilizar algum recurso de compactação de imagens para reduzir o tamanho dos arquivos e, com efeito, a quantidade de informações redundantes presentes na imagem. Para isso, existem dois métodos de compressão que podem ser utilizados (Gonzalez; Woods, 2000):

- **Compressão com perdas**: A imagem original é aproximadamente recriada.
- **Compressão sem perdas**: A imagem original é exatamente recriada.

No processo de **compressão com perdas**, o tamanho do arquivo é reduzido pela eliminação de dados do arquivo. Como resultado, a qualidade da imagem é sacrificada para diminuir o tamanho do arquivo, uma vez que todos os dados que o algoritmo de compressão considera dispensáveis são removidos. Embora o arquivo não contenha todas as informações que possuía antes da compressão, frequentemente não percebemos essa diferença de forma significativa, mesmo que a resolução da imagem tenha perdido qualidade.

No entanto, essa perda pode ser mais perceptível quando um arquivo é modificado e salvo várias vezes. Na Figura 4.8, podemos observar a redução do tamanho do arquivo à medida que diminuímos a qualidade da imagem, embora sua resolução permaneça a mesma.

Figura 4.8 – Compactação de imagem

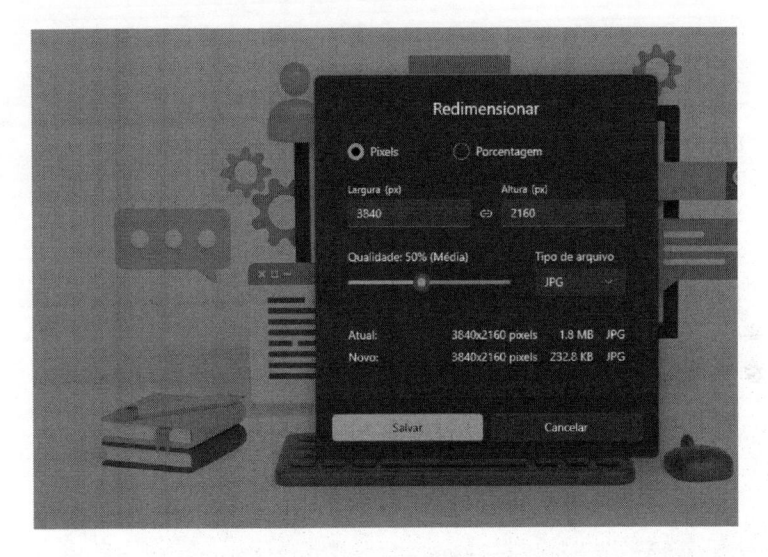

Repare que, ao selecionarmos uma redução da qualidade da imagem para 50%, o *software* de edição da imagem já indica que haverá uma redução do tamanho do arquivo de 1,8MB (*megabyte*) para 232,8KB (*kylobyte*), o que representa uma compactação para 13% do tamanho original.

Nas Figuras 4.9 e 4.10, a seguir, veja, respectivamente, a imagem original e a imagem compactada. Observe que a diminuição da qualidade da imagem é quase imperceptível.

Figura 4.9 – Imagem sem compactação

Figura 4.10 – Imagem compactada

Analisando as imagens anteriores, podemos concluir que a compactação com perdas pode sacrificar parte dos dados, mas isso não significa que eles sejam removidos de forma arbitrária. Afinal, por exemplo, seria perceptível se, na imagem compactada do exemplo anterior, ocorresse a supressão de uma das letras do texto ou do logotipo na base da imagem.

Portanto, a compactação com perdas remove dados de uma imagem por meio de uma ou mais técnicas. As mais usuais são as listadas a seguir:

- **Subamostragem de cor**: Consiste em diminuir as informações de cor (*chroma*) armazenadas na imagem, e não o brilho, reduzindo, assim o tamanho do arquivo. Como o olho humano percebe a luminância de forma mais nítida do que as cores, é possível sacrificar as informações de cor, desde que o brilho da imagem seja ajustado de maneira adequada.
- **Redução de cor**: As cores armazenadas na imagem ocupam espaço, mas, em muitos casos, podemos reduzir a quantidade de cores utilizadas sem que isso seja perceptível. Por exemplo, podemos ver o céu como sendo apenas azul, mas, ao observá-lo mais de perto, notamos vários tons de azul. Assim, ao fotografarmos o céu, capturamos todas essas variações. Porém, ao reduzir o número de cores utilizadas, registrando apenas os tons mais comuns, os *pixels* da imagem ficam associados a uma única cor ou a um grupo de cores.
- **Compressão fractal**: Esse método aproveita o fato de que partes de uma imagem podem se assemelhar a outras partes da mesma imagem. O algoritmo localiza as áreas semelhantes e utiliza um algoritmo fractal para duplicá-las, criando uma compressão eficiente.
- **Codificação de transformação**: Nesse método, utiliza-se a média das cores presentes na imagem para reduzir a quantidade total de cores. Considerando que o olho humano reconhece certas cores mais intensamente do que outras, a aplicação dessa técnica não é facilmente perceptível para a maioria das pessoas.
- **Quantização vetorial**: Em vez de armazenar os valores individuais das informações de uma imagem, um algoritmo aproxima esses dados por meio de um conjunto menor de valores. Tal processo é

feito com base em um conjunto de códigos que contém um número limitado de valores, os quais se assemelham aos dados originais. O algoritmo usa essas opções e cria uma aproximação da imagem original com um subconjunto menor de dados. Por exemplo, se considerarmos a imagem de um céu azul, os tons dessa cor em uma imagem colorida de 24 *bits* podem ser reduzidos para um conjunto menor de cores de 8 *bits*. Desse modo, o algoritmo de quantização vetorial aproximaria as cores da imagem e as substituiria por um conjunto mais restrito de dados. Assim, ainda que as informações da imagem sejam modificadas, a aproximação seria suficiente para que a alteração não fosse facilmente identificada.

Por sua vez, na **compressão sem perdas**, o tamanho do arquivo é reduzido sem comprometer a qualidade da imagem. Ou seja, nenhum dado é perdido quando esse método é utilizado, ao contrário do que ocorre na compressão com perdas. Dessa forma, as informações são preservadas, e, ao realizarmos a decodificação do arquivo de imagem, a técnica empregada na codificação descompacta e restaura os dados exatamente em seu estado original.

Obviamente, como nenhum dado é removido do arquivo, não é possível obter o mesmo grau de compactação que na compressão com perdas. Em média, a redução do tamanho dos arquivos não ultrapassa 50%, enquanto na compressão com perdas o tamanho do arquivo de imagem pode atingir uma redução muito maior.

Diversos métodos podem ser aplicados para compactar um arquivo de imagem sem perda de dados, a saber:

- **Algoritmos de dicionário adaptáveis**: Os algoritmos baseados em dicionário diminuem o tamanho dos arquivos encontrando elementos comuns que correspondem a um catálogo de dados. Um exemplo desse tipo de algoritmo é o LZW, empregado em arquivos de imagem dos formatos GIF e TIFF. Quando o algoritmo de compressão é executado, ele compara as informações do arquivo com os dados armazenados em um dicionário e, em seguida, substitui os valores na imagem pelos valores deste. Para entender melhor como esse tipo de algoritmo opera, consideremos o seguinte exemplo: suponha que o dicionário contenha os seguintes valores: 1 para a palavra *arquivo*, 2 para *é* e 3 para *imagem*. Se aplicarmos esse dicionário à expressão *Este é um arquivo de imagem compactado*, a substituição das palavras pelos valores do índice do dicionário resultaria na frase *Este 2 um 1 de 3 compactado*. Nesse exemplo, a expressão original, com 39 caracteres (incluindo os espaços), teve sua expressão compactada para apenas 28 caracteres. Para descompactar o arquivo, seria necessário usar o dicionário para reverter os dados compactados, restaurando a forma original. Assim, quanto mais palavras houver no dicionário, maior será a redução do tamanho do arquivo gerado.

- **Deflação**: Trata-se de outro método utilizado na compressão sem perdas, que combina algoritmos de codificação Huffman e LZ77 (Lempel-Ziv). A deflação é empregada em formatos de arquivo como PNG, MNG e TIFF, bem como em programas de compactação como ZIP, PKZIP e GZIP. O algoritmo de codificação Lempel-Ziv busca sequências de dados repetidos e substitui essas repetições por informações sobre a localização delas no arquivo. Esse processo utiliza o conceito de "janela deslizante", que mantém o controle dos dados que já apareceram, permitindo substituir todas as repetições por informações acerca da distância e do comprimento das sequências repetidas.

- **Codificação de entropia**: Nesse método, a compressão de imagens é realizada mediante a busca por padrões nos dados, a fim de substituir por códigos menores aqueles que ocorrem com mais frequência. Um exemplo desse tipo de codificação é a Codificação Huffman, em que códigos de comprimento variável são atribuídos a um conjunto conhecido de valores. Assim, os valores mais frequentes recebem códigos mais curtos, enquanto os padrões menos frequentes recebem códigos mais longos. Isso permite que a maioria das informações seja substituída pelo código mais curto possível, resultando em uma compactação mais eficiente.

- **Codificação de comprimento de execução**: Em uma imagem digital, é comum encontrar sequências repetitivas de dados. O método de codificação de comprimento de execução identifica tais padrões repetidos e os armazena como uma contagem de quantas vezes o padrão se repete, junto com seu valor. Por exemplo, considerando a sequência de caracteres AAAABBC, podemos perceber que ela consiste em quatro A's, dois B's e um C. Aplicando o método de codificação de comprimento de execução, essa sequência poderia ser convertida para 4A2BC.

4.4 Análise de imagens

No processo de análise forense digital, frequentemente teremos de examinar uma imagem armazenada em um dispositivo de armazenamento "obsoleto", como um disquete, ou uma imagem enviada por e-mail para uma conta específica. Entretanto, mais comumente, precisaremos investigar o conteúdo de discos rígidos, DVDs, CDs ou outras mídias maiores. Nesse caso, talvez seja necessário extrair, reparar e executar algumas tarefas antes mesmo de visualizar as informações (Araújo, 2020). Em virtude disso, é importante entendermos a estrutura das imagens, o que nos ajudará no processo de busca e análise forense.

O primeiro componente de um arquivo de imagem que precisamos compreender e analisar é o **cabeçalho do arquivo**, que contém informações sobre o tamanho, a resolução, a quantidade de cores e demais parâmetros de que um programa de visualização precisa para exibir a imagem corretamente. Os cabeçalhos de arquivos fornecem dados essenciais a respeito das características únicas dos arquivos, possibilitando a identificação do tipo de arquivo apenas mediante a análise dos primeiros *bytes*. Por exemplo, todos os arquivos BMP começam com os caracteres "BM" nas duas primeiras posições dos dados do arquivo. Assim, quando um aplicativo abre um arquivo como esse, ele lê o cabeçalho para garantir que a imagem não esteja corrompida e que possa ser corretamente aberta pelo programa. Tais informações podem ser visualizadas por meio de um editor hexadecimal ou de um visualizador de arquivos binários, como mostrado na Figura 4.11.

Figura 4.11 – Visualização com editor hexadecimal de arquivo BMP[1]

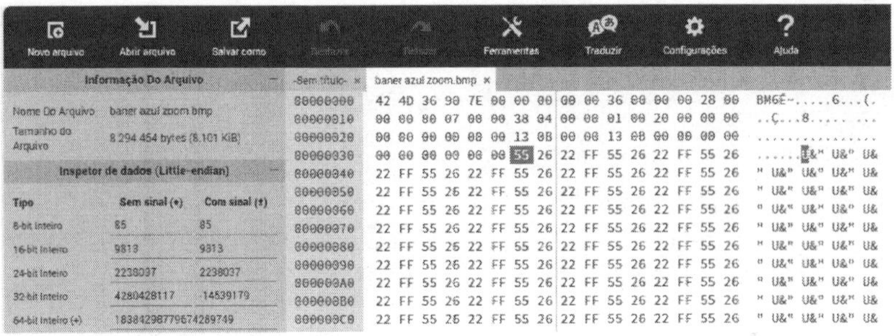

Observe que, na figura, que mostra a utilização de um editor hexadecimal para abrir o arquivo *baner azul zoom.bmp*, os dois primeiros caracteres são "BM". Obviamente, os demais valores hexadecimais não fazem sentido para analisarmos a imagem diretamente, mas certamente serão corretamente interpretados por um aplicativo de visualização de imagens.

Se um cabeçalho estiver ausente ou danificado, não seremos capazes de abrir o arquivo, que parecerá corrompido. Mas é possível restaurar os cabeçalhos manualmente, substituindo o cabeçalho ausente por algum retirado de outro arquivo. Por exemplo, se estivermos analisando um documento do Microsoft Word, será possível abrir outro documento por meio de um editor hexadecimal, copiar

---

1 Editado no Hex.Ed. Disponível em: <https://hexed.it>. Acesso em: 24 dez. 2024.

o cabeçalho desse segundo arquivo e colá-lo no documento com o cabeçalho ausente. No entanto, quando essa análise diz respeito a imagens, esse processo pode distorcê-las, uma vez que o cabeçalho também apresenta informações sobre a altura, a largura e outros parâmetros que determinam o modo de exibição da imagem. Portanto, se substituirmos o cabeçalho por dados incorretos, a imagem poderá se tornar irreconhecível.

Outro aspecto importante a ser considerado no processo de análise de arquivos refere-se aos **fragmentos de arquivo**. Mesmo que um arquivo tenha sido excluído, partes de seus dados seguirão armazenadas em espaços não alocados ou espaços ociosos no disco rígido. Assim, podemos visualizar essas informações utilizando um editor hexadecimal ou outras ferramentas para, em seguida, reconstruir o arquivo excluído e restaurá-lo. Embora a imagem recuperada não seja uma recriação exata de seu estado original, ela terá uma aproximação estética suficiente para exibir o conteúdo ou mostrar o que foi retratado.

Certamente a reconstrução de fragmentos de arquivo será facilitada quando lidarmos com arquivos de texto ou outros documentos que podem ser lidos e compreendidos com facilidade. Por exemplo, se encontrarmos um fragmento de um arquivo de texto ou de um documento do Microsoft Word, seremos capazes de exibir o que foi escrito no documento e determinar que outros fragmentos pertencem a esse arquivo. Ao unir tais fragmentos, será possível restaurar completamente ou, ao menos, aproximadamente, o documento original, obtendo acesso ao seu conteúdo.

Outro cenário comum no processo de análise de arquivos envolve os **arquivos desconhecidos**. Quando estamos analisando um computador, podemos encontrar fragmentos ou arquivos inteiros cujos formatos ou conteúdos nos são desconhecidos. Tais arquivos podem apresentar extensões desconhecidas ou, ainda, não estarem associados a nenhum programa no computador do suspeito ou na máquina utilizada para a análise. Em contextos dessa natureza, precisaremos identificar a finalidade do arquivo e o programa que pode ser usado para abri-lo.

Uma das principais ferramentas para determinar o propósito de um arquivo corresponde ao *site* FILExt[2], disponível desde o ano 2000. O procedimento é bem simples: basta clicar em um botão na página inicial e a tela de navegação do computador local será aberta, permitindo selecionar o arquivo cujos formato e extensão queremos descobrir. Além disso, também é possível arrastar o arquivo diretamente para o *site*. Após isso, o banco de dados *on-line* será consultado e fornecerá as seguintes informações sobre o arquivo:

- **Nome da extensão**: Exibe a extensão do arquivo.
- **Função**: Apresenta informações adicionais, tais como se o arquivo é um gráfico, um executável para determinado programa ou usado por um programa específico. Por exemplo, um .doc indica se tratar de um documento do Microsoft Word.
- **Notas**: Fornece informações complementares. Por exemplo, se estamos buscando informações em uma extensão .cbr, descobriremos que, na realidade, trata-se de um arquivo RAR renomeado que pode ser descompactado usando o utilitário RAR.
- **Tipo MIME**: Fornece dados sobre a codificação MIME (*multipurpose internet mail extensions*) do arquivo.
- **Empresa**: Identifica a empresa proprietária do tipo de arquivo.
- **Identificação de caracteres**: Exibe dados de cabeçalho que podem ser usados para reconhecer o tipo de arquivo.
- **Links associados**: Apresenta *links* para *sites* que indicam programas capazes de abrir arquivos com a extensão do arquivo.

Como mencionamos anteriormente, para análise e investigação no campo da computação forense, é fundamental utilizarmos *softwares* forenses, pois eles também desempenham um papel crucial

---

2 Disponível em: <www.filext.com>. Acesso em: 9 dez. 2024.

no trabalho com arquivos de imagem. Entre esses programas, destacam-se os fornecidos pela Cellebrite, os quais são capazes de criar uma imagem de fluxo de *bits* de um disco rígido abrangendo arquivos excluídos, dados em espaço ocioso e fragmentos de arquivos localizados em *clusters* perdidos ou outras áreas do disco. As ferramentas da Cellebrite, assim como inúmeras de outras fabricantes, ainda incluem um componente que possibilita a visualização de fotos e outros gráficos encontrados no disco em análise, apresentando-os de forma similar a um *software* comum de visualização de imagens.

Além desse *software*, há ferramentas forenses especificamente desenvolvidas para a análise de imagens presentes em discos. Com tais ferramentas, podemos extrair informações de um arquivo de imagem existente, ou seja, criar uma duplicata de dados, o que nos permite visualizá-los. Algumas dessas ferramentas já contam com visualizadores de imagem integrados; portanto, as imagens podem ser examinadas sem alteração.

O ILook[3] é um exemplo de ferramenta forense que pode ser empregado na análise de arquivos de imagem. Ele possibilita a análise de uma imagem adquirida de um computador suspeito mediante o auxílio de outro *software*. Por meio de uma interface gráfica, é possível examinar as evidências, navegando pela estrutura de diretórios tal como eles estavam organizados no computador original. Após localizar as fotos e os demais elementos a serem coletados, pode-se copiar todo o sistema de arquivos (ou parte dele) e, na sequência, exibir o arquivo desejado utilizando recursos internos. Essa ferramenta também dispõe de um visualizador hexadecimal integrado e conta com recursos para a geração de relatórios.

Após extrairmos as imagens do computador de um suspeito, é possível que outras pessoas, além dos usuários do *software* forense usado para a obtenção e a análise das imagens, necessitem visualizá-las.

---

3 Disponível em: <www.ilook-forensics.org>. Acesso em: 9 dez. 2024.

Estamos nos referindo não apenas a advogados de defesa, promotores, investigadores e outros membros das forças de segurança, mas também a empregadores, em contextos que envolvem investigações internas. Todavia, considerando o elevado custo do *software* forense, o acesso a ele pode ser limitado, razão por que os visualizadores de imagens comuns são ótimas alternativas para a exibição das informações encontradas em arquivos de imagem.

Porém, um problema que pode decorrer do uso de visualizadores de imagens diz respeito à impossibilidade de garantir que eles não modificarão a imagem em análise. Como esses visualizadores são projetados principalmente para exibir fotos pessoais e outras imagens salvas, muitos deles atualizam o carimbo de data/hora toda vez que um arquivo é acessado. Ainda, tais programas podem incluir recursos que possibilitam modificar as imagens, o que pode comprometer a integridade e a credibilidade das imagens como evidências forenses.

Por isso, quando for necessário fornecer cópias de provas para investigadores e outros envolvidos, é recomendável armazená-las em mídias do tipo DVD-R ou CD-R, que são de gravação única (*write once-read many* – Worm). Nesse sentido, já que os dados não podem ser alterados ou adicionados depois de gravados, todas as imagens visualizadas, ainda que por meio de um visualizador comum, estarão protegidas contra qualquer modificação ou dano.

Outra técnica associada aos arquivos de imagens que devemos conhecer em nossas atividades de investigação forense digital é a **esteganografia** em arquivos de imagem. Trata-se de um processo que envolve ocultar uma forma de dado dentro de outra estrutura de dados (Fridrich, 2009). Devido ao modo pelo qual as informações são armazenadas em arquivos, geralmente encontramos *bits* não utilizados em um arquivo, criando um espaço vazio dentro de um documento ou de uma imagem. Dessa maneira, é possível dividir uma mensagem e armazená-la nesses *bits* não usados, de tal modo que, quando o arquivo for enviado, ele parecerá ser apenas o arquivo original – conhecido como **arquivo contêiner**. Normalmente, as informações ocultas de um arquivo são criptografadas, e o destinatário necessita de um *software* especial para recuperá-las e, se necessário, descriptografá-las.

Com essa técnica, é possível ocultar mensagens em diversos tipos de arquivos, incluindo executáveis, imagens e áudio. Além disso, uma variação da esteganografia que podemos encontrar refere-se à marca d'água oculta, a qual, por vezes, é aplicada com o objetivo de incorporar uma marca registrada ou outro símbolo em um documento ou arquivo.

Por fim, no processo de análise e processamento de imagens, é mandatório considerarmos os possíveis problemas de direitos autorais relacionados às imagens. Os direitos autorais (*copyrights*) representam um meio de proteção legal para impedir o uso não autorizado e a cópia do trabalho de um autor. Embora esse contexto seja frequentemente associado a trabalhos escritos, músicas, *softwares*, entre outros, ele também se estende a fotografias, logotipos e outros gráficos que podem ser criados.

Quanto ao aspecto legal, é importante lembrar que as leis de direitos autorais variam de país para país, sendo aplicadas internacionalmente por meio de tratados. Por exemplo, nos Estados Unidos, desde 1989, os direitos autorais são automáticos e não exigem patente ou registro oficial. Ou seja, a partir do momento em que uma fotografia, um desenho ou um gráfico é produzido, ele se configura como propriedade do criador e, portanto, passa a ser protegido por direitos autorais. Isso ocorre porque uma imagem existe em uma forma tangível, e não simplesmente como uma ideia abstrata. No entanto, é possível registrar os direitos autorais de um arquivo diretamente na página oficial do U.S. Copyright Office[4], para obter uma prova formal de quando determinada imagem ou logotipo foi criado. Esse registro garante que a imagem/o logotipo tenha um autor e que esteja protegida(o) desde uma data específica. Portanto, caso ocorra alguma situação adversa

4 Disponível em: <www.copyright.gov>. Acesso em: 9 dez. 2024.

envolvendo o arquivo, o criador pode utilizar o registro como prova e, além disso, abrir um processo civil por violação dos direitos autorais. No Brasil, a Lei n. 9.610, de 19 de fevereiro de 1998, conhecida como Lei de Direitos Autorais (LDA), estabelece as normas para a produção, o registro e o uso de obras intelectuais (Brasil, 1998). No *site* gov.br[5], é possível fazer o registro de obras intelectuais, incluindo a emissão de um certificado referente à obra depositada na Biblioteca Nacional. Ademais, o Instituto Nacional da Propriedade Industrial (Inpi) oferece o serviço de registro de marcas, que pode englobar o logotipo de uma empresa, por exemplo, a fim de garantir sua proteção legal.

Portanto, em um processo de análise forense, ao copiarmos o conteúdo digital do dispositivo de armazenamento que está sendo examinado, poderemos encontrar imagens que apresentem registros de direitos autorais. Nesse contexto, é fundamental documentar adequadamente a situação, com o objetivo de evidenciar que a imagem está sendo utilizada exclusivamente para fins de análise como prova em uma investigação digital, e não para qualquer outro propósito.

Para saber mais

DELL. Disponível em: <www.dell.com>. Acesso em: 22 nov. 2024.
No *site* do fabricante de computadores Dell, encontramos um detalhamento de todos os padrões de discos ópticos, incluindo recomendações técnicas de uso e manuseio, além de uma grande quantidade de *links* para outros artigos relacionados à resolução de problemas envolvendo esse tipo de mídia.

---

5   Disponível em: <www.gov.br>. Acesso em: 9 dez. 2024.

GONZALEZ, R. C.; WOODS, R. E. **Processamento de imagens digitais**. São Paulo: Blucher, 2000.

Para nos aprofundarmos um pouco mais no processo de transformação das imagens do analógico para o digital, a obra *Processamento de imagens digitais* apresenta os elementos de sistemas de processamento de imagens digitais, a saber: aquisição, armazenamento, processamento, comunicação e exibição, bem como os fundamentos de imagens digitais.

TANENBAUM, A. S.; AUSTIN, T. **Organização estruturada de computadores**. 6. ed. São Paulo: Pearson, 2013.

No segundo capítulo do livro *Organização estruturada de computadores*, podemos obter mais detalhes sobre as mídias de armazenamento (abordadas pelos autores sob a denominação *memória secundária*).

Síntese

Neste capítulo, aprofundamos nosso conhecimento sobre as diversas mídias usadas para o armazenamento de dados digitais, nas quais o investigador forense possivelmente encontrará as possíveis provas a serem analisadas. A esse respeito, vimos que, em um laboratório forense digital, além da ponte forense com seus diversos padrões de interface de HDs, é necessário dispor de um leitor de discos ópticos capaz de suportar todos os formatos de CDs e DVDs, bem como um leitor de cartões que contemple os diversos formatos que apresentamos.

Ainda, vimos como as imagens são processadas para serem convertidas e armazenadas no formato de arquivos digitais. Nessa ótica, em uma análise de imagens (que podem ser as provas de determinado crime em investigação), é possível identificar o *software* adequado para exibi-las corretamente, resgatando as informações originais. Por fim, além da decodificação da imagem, é preciso avaliar as possíveis alterações que tenham sido realizadas no arquivo, ou até mesmo na imagem, por meio de tecnologias e processos que permitam validar sua integridade.

Questões para revisão

1. Um dos tipos de mídia utilizados nos primórdios da computação pessoal foram os disquetes, que passaram por processos evolutivos e tiveram seu tamanho reduzido. Atualmente, quais são os três tamanhos de disquete que podemos encontrar?

2. Entre as mídias removíveis, empregadas no armazenamento de dados digitais, estão os CDs e os DVDs. A esse respeito, assinale a alternativa que apresenta uma característica que ambos têm em comum:

   a) São dispositivos de armazenamento que permitem apenas a leitura de dados e seu conteúdo é gravado já no processo de fabricação.

   b) Os dois apresentam a mesma capacidade de armazenamento de dados, porém os CDs só suportam conteúdos de áudio, e os DVDs, apenas de vídeo.

   c) A gravação dos dados é realizada em um dispositivo diferente do que será usado para a leitura dos dados.

   d) O processo de gravação de dados consiste na utilização de um feixe de *laser*, que afeta a camada de reflexão da mídia.

3. Em relação à velocidade de rotação dos discos, o processo de leitura dos dados gravados em discos ópticos se diferencia daquele referente à leitura de informações armazenadas em discos rígidos. Por que isso acontece?

   a) Nos discos ópticos, os dados são gravados em espiral e, portanto, uma mudança de rotação do disco se faz necessária, em função da posição de leitura.

b) Nos discos rígidos, os dados são gravados em linha e, portanto, uma mudança de rotação do disco se faz necessária, em função da posição de leitura.

c) Nos discos ópticos, a velocidade de rotação do disco tem de ser muito maior, em função da alta temperatura do feixe de *laser*.

d) No discos rígidos, em função do processo de leitura magnética, a velocidade de rotação tem de ser variável, de acordo com o setor que está sendo lido.

4. Um exemplo de mídia removível de armazenamento digital bastante utilizada refere-se às memórias *flash* USB no formato de *pendrives*, pela facilidade de uso e alta capacidade de armazenamento – na ordem de GB. Para a leitura desses dispositivos, qual é o *hardware* que eventualmente deve ser incluído em um *kit* de computação forense?

a) Uma unidade externa de leitura de cartões de memória *flash*, pois a memória interna do *pendrive* pode ser extraída e conectada a esse dispositivo.

b) Um *hub* USB, uma vez que, em muitos computadores, principalmente *notebooks*, há uma quantidade limitada de interfaces USB.

c) Um bloqueador de porta USB, para evitar que um vírus que porventura esteja armazenado no *pendrive* contamine o computador utilizado na investigação.

d) Um adaptador USB serial, já que todos os computadores possuem uma interface serial, mas nem sempre contam com uma interface USB.

5. Para reduzir o tamanho dos arquivos de imagem, uma das técnicas empregadas é a compactação com perdas. Nesse caso, quando se

faz necessário recriar a imagem original, tal imagem poderá ser utilizada em um processo de análise forense?

Questões para reflexão

1. Apesar de existir há muito tempo, por que o formato de arquivo de imagem do tipo *bitmap* (BMP) não é muito usado na internet?

2. Caso um arquivo de imagem esteja sem a designação da sua extensão, será possível identificar qual é o tipo de arquivo de imagem mediante a utilização de um editor hexadecimal? De que maneira?

3. Em um processo de investigação, ao encaminharmos arquivos de imagem para outros envolvidos, não será possível garantirmos que estes não modificarão a imagem ao utilizarem visualizadores comuns. Nesse contexto, para evitarmos questionamentos em relação a essas provas, que procedimento devemos adotar?

5

SEGURANÇA DOS DADOS

Conteúdos do capítulo
- *Malwares*, atacantes e mecanismos de ataque.
- As dimensões da segurança.
- Funções e algoritmos de *hash*.

Após o estudo deste capítulo, você será capaz de:

1. reconhecer os principais tipos de discos de *malware* que podem ser encontrados nas redes de computadores, bem como sua classificação, suas principais características e o seu nível de criticidade em relação aos possíveis danos causados;
2. analisar os mecanismos de ataque das principais ameaças e *malwares*, identificando as principais medidas de proteção a serem adotadas;
3. diferenciar os tipos de *hackers* quanto ao seu objetivo e à sua forma de atuação, incluindo a motivação de cada um deles;
4. entender como as dimensões da segurança – confidencialidade, integridade e disponibilidade (Modelo CID) – garantem a segurança dos dados e como elas são implementadas;
5. explicar o processo de geração de *hash*, compreendendo de que maneira esse recurso de segurança assevera a integridade dos dados e como podemos verificar essa integridade em arquivos ou mensagens;
6. diferenciar os algoritmos de geração de *hash*, considerando o tamanho do *hash* gerado, seu nível de segurança e sua utilização nos cenários mais adequados para cada um deles.

5.1 Malwares

Nas atividades de análise forense digital, um dos cenários que podemos encontrar, e que envolve as tecnologias de segurança de informação, é aquele em que investigamos um cibercrime. Assim, é necessário avaliar todos os mecanismos de segurança do ambiente, bem como as vulnerabilidades exploradas para a execução do crime digital. Isso implica conhecer os mecanismos de ataque, os sistemas de defesa e as possíveis falhas tanto de tais sistemas como de pessoas. Por essa razão, é fundamental entender os aspectos relacionados à segurança da informação.

Uma das principais formas de propagação de ameaças relacionadas a dados e informações diz respeito à sua transmissão pela internet. Assim, quando conectamos o computador a ela, estamos sujeitos a um ataque ou à infecção por uma dessas ameaças, que chamamos de *malwares* (Barreto; Brasil, 2016).

Os tipos de dispositivos que compõem as redes de computadores são classificados como dispositivos intermediários e dispositivos finais de usuários. Os primeiros se referem aos dispositivos que formam a rede em si, tais como roteadores e *switches*, os quais permitem a conexão dos usuários e a interconexão das redes. Ademais, eles também podem ser alvos de ataques de segurança.

Os dispositivos finais, que normalmente são os alvos dos atacantes, são computadores e *notebooks*, impressoras, telefones IP, aparelhos celulares, *tablets* e inúmeros outros aparelhos eletrônicos. Atualmente, com a disseminação da Internet das Coisas (IoT – *Internet of Things*), há uma infinidade de dispositivos finais conectados à rede, como sensores, atuadores e dispositivos de controle. Um exemplo é a Alexa, lançada pela Amazon, um dispositivo de controle de automação residencial interativo.

Como cada dispositivo tem características distintas, é essencial conhecer as ameaças existentes e entender como elas atuam, para definir o mecanismo de proteção mais adequado para cada um. Portanto, de início, apresentamos, a seguir, os principais tipos de *malware*, categorizados de acordo com seu modo de propagação e atuação:

- vírus;
- *worms*;
- cavalo de troia;
- bomba lógica;
- *ransomware*;
- *backdoors*;
- *rootkits*.

5.1.1 Vírus

O primeiro tipo de *malware* que abordaremos, e provavelmente o mais conhecido, é o **vírus**. Ele consiste em um código executável que necessita de um hospedeiro para se propagar, ou seja, tem de estar anexado a outro arquivo. Em relação à sua ação, o vírus depende da execução do usuário para causar o dano para o qual foi programado. Portanto, é o próprio usuário quem "abre" o vírus. Em razão disso, uma recomendação básica de segurança é nunca abrir um arquivo de origem desconhecida ou executar programas provenientes de fontes duvidosas. Por isso, sempre desconfie de programas gratuitos baixados da internet, pois é possível que, sem saber, você esteja infectando seu computador.

As principais ferramentas de proteção que devemos utilizar nos dispositivos eletrônicos conectados à internet (computador, *smartphone*, *tablet* etc.) são os *softwares* antivírus, mesmo que sejam gratuitos – embora, nesse caso, possamos ser "bombardeados" por propagandas. Contudo, trata-se de um recurso essencial em qualquer dispositivo conectado à internet atualmente.

Os antivírus realizam uma varredura nos arquivos, buscando sequências de códigos que possam corresponder a padrões características de vírus conhecidos. Nesse sentido, como os vírus também sofrem mutações e novos vírus são constantemente disseminados pela internet, é crucial garantir que o *software* antivírus esteja sempre atualizado e preparado para detectar tanto os vírus mais recentes quanto eventuais mutações dos vírus mais antigos.

Em relação aos *smartphones*, sua arquitetura mais enxuta dificulta a execução de códigos anexados aos programas. Por isso, muitos acreditam que não é necessário contar com um *software* antivírus nesses aparelhos. No entanto, considerando que as atuais ferramentas de segurança ultrapassam a simples função de localizar e combater os vírus, um aplicativo de segurança para *smartphone* também pode proteger contra outros tipos de *malware* – portanto, sua utilização é altamente recomendada.

5.1.2 Worms

O segundo tipo de *malware* em nossa lista são os **worms**, que, diferentemente dos vírus, não dependem de qualquer ação do usuário para serem executados. Assim, sua ação pode ser muito mais desastrosa do que a dos vírus, uma vez que eles exploram falhas nos sistemas e, normalmente, causam uma parada total do dispositivo, espalhando-se para outros dispositivos em uma rede. Inclusive, existem técnicas de isolamento de partes de uma rede atacada por um *worm*, a fim de evitar maiores danos e a infecção de todos os aparelhos conectados à rede.

Para nos prevenirmos contra os *worms*, uma medida bastante efetiva é manter os programas e sistemas operacionais sempre atualizados e devidamente licenciados. É importante mencionar que *softwares* pirateados não podem ser atualizados, o que torna os computadores que os comportam vulneráveis à ação dos *worms*.

5.1.3 Cavalo de troia

Outro tipo de *malware* bastante conhecido é o **cavalo de troia**, que se disfarça como um programa inofensivo. Quando este é aberto, o *malware* executa um conjunto de código malicioso que causará o dano para o qual foi programado. O programa escondido dentro do cavalo de troia pode ser um *worm* ou qualquer outro tipo de *malware*.

Para nos prevenirmos contra a infecção por um cavalo de troia, além de uma ferramenta de segurança – como um antivírus capaz de identificar outros tipos de códigos maliciosos –, a recomendação é a mesma que vimos quanto aos vírus: nunca executar um programa de origem duvidosa, pois ele pode ser um cavalo de troia que abre caminho para um *worm*, uma bomba lógica ou, até mesmo, um *ransomware* – um dos tipos de *malware* mais perigosos atualmente, como veremos adiante.

5.1.4 Bomba lógica

O *malware* do tipo **bomba lógica** funciona com um mecanismo de disparo, que pode estar programado para ser executado em data e hora determinadas. Dessa forma, não será possível detectar a infecção do dispositivo até que o código malicioso, que é o conteúdo da bomba lógica, seja ativado. Ademais, a bomba lógica poderá ser executada muito tempo depois da infecção, quando menos se esperar.

Em um processo de investigação forense, poderemos nos deparar com arquivos contaminados com esse tipo de *malware*. Por essa razão, é necessário recorrer a ferramentas de segurança capazes de reconhecer a contaminação por bomba lógica. Caso contrário, haverá o risco de que o *malware* seja ativado durante a análise dos arquivos de prova no ambiente de computação forense, infectando todo o sistema, inclusive as provas.

5.1.5 Ransomware

Na história recente da segurança dos dados, um *malware* que ganhou extrema notoriedade, por ter causado uma série de danos em todo o mundo, foi o Wannacry, um *ransomware*. A estratégia de ação desse tipo de *malware* envolve a criptografia dos dados do usuário, de tal modo que este fica incapacitado de acessar seus próprios arquivos, os quais ficam todos codificados. A disseminação desse tipo de *malware* pode se utilizar, por exemplo, de um cavalo de troia, para que seja executado por um usuário descuidado, permitindo a contaminação dos dados.

Normalmente, o objetivo desse tipo de *malware* é atacar os servidores das empresas e criptografar suas informações, tornando-as totalmente inacessíveis e, com efeito, comprometendo sobremaneira as organizações.

Para obter a chave de criptografia e decodificar os dados, recuperando o acesso às informações armazenadas nos arquivos contaminados, é necessário pagar um "resgate" ao *hacker*, na expectativa de que ele forneça a chave. O pagamento é feito em *bitcoins*, pois assim não é possível rastrear o criminoso.

Logo, enquanto o pagamento não for realizado, os dados permanecerão totalmente inacessíveis. Porém, ainda que a transferência seja feita, por se tratar de um criminoso, não há como garantir que o usuário realmente receberá a chave de descriptografia para recuperar seus dados.

5.1.6 Backdoor

Os *malwares* do tipo **backdoor** têm a intenção de abrir uma "passagem" nos sistemas de segurança, como o *firewall*, a fim de que o *hacker* obtenha acesso ao equipamento do usuário ou a um servidor. O *firewall* opera examinando o tráfego que vem de fora da rede, ou seja, da internet. Nesse caso, é o próprio usuário que está abrindo uma conexão para a rede externa. Desse modo, o *firewall* permite que ocorra esse processo de comunicação – é exatamente isso que acontece toda vez que acessamos um *site*, por exemplo. No entanto, por conta do *backdoor*, a conexão é feita diretamente com o equipamento do *hacker*, que passa a controlar o sistema do usuário infectado e, com efeito, pode realizar diversas ações maliciosas.

A contaminação do usuário e a abertura do *backdoor* também podem se dar por meio de um cavalo de troia, no qual está contido o código responsável por estabelecer a conexão com o *hacker*, dando-lhe total acesso ao sistema do usuário.

5.1.7 Rootkit

O último exemplo de *malware* que apresentaremos é o do tipo ***rootkit***, cujo objetivo é assumir o controle do sistema operacional do computador e com os privilégios de administrador do sistema, a fim de realizar ações maliciosas, incluindo a abertura de um *backdoor*, a disseminação de um *worm* (para contaminar os demais computadores da rede) e, até mesmo, a execução de um *ransomware*. Caso o atacante consiga infectar um servidor, os danos causados serão, certamente, ainda maiores.

O *rootkit* também é um *malware* que explora as falhas dos sistemas operacionais. Por conta disso, é fundamental manter os sistemas atualizados, para promover as correções que se fizerem necessárias em relação às vulnerabilidades encontradas nos sistemas e programas.

Em um processo de investigação forense digital, se o foco da análise for a infecção por *malware*, uma possível linha inicial de investigação será verificar a atualização do sistema operacional e dos *softwares* instalados na máquina afetada. A falta de atualização de algum desses componentes pode ser a causa da vulnerabilidade explorada pelo atacante.

Agora que verificamos as possíveis ameaças que podem infectar o ambiente de computação forense, é fundamental implementar as medidas de segurança adequadas a fim de evitar tanto o comprometimento do ambiente quanto das provas que estão sendo examinadas (Araújo, 2020). Sob essa ótica, é essencial manter atualizadas todas as ferramentas de *software* bem como o sistema operacional, para nos protegermos de ataques que exploram essas vulnerabilidades. Ademais, é imprescindível ter um antivírus instalado no computador e um *firewall* protegendo a rede do laboratório forense.

Adicionalmente, sempre que precisarmos analisar um arquivo de prova, é importante ativar uma varredura com o antivírus, para evitar que uma prova infectada comprometa a segurança de todo o ambiente de computação forense.

5.2 Atacantes (hackers)

No âmbito da investigação forense, para nos defendermos dos ataques cibernéticos e até mesmo para identificarmos a identidade dos criminosos responsáveis pelos crimes que estamos investigando, é fundamental entender as intenções desses atacantes. Em geral, o objetivo final de um atacante, também conhecido como *hacker*, é obter algum tipo de ganho financeiro.

Os *hackers* utilizam diversas técnicas para alcançar esse objetivo, e uma delas envolve o acesso aos dados pessoais do usuário. Com essas informações em mãos, os atacantes podem usá-las para fazer compras *on-line*, criar perfis falsos em redes sociais, solicitar transferências de dinheiro para seus contatos, entre outras ações. No entanto, além do ganho financeiro, existem *hackers* que objetivam, por exemplo, "derrubar" sistemas inteiros. Portanto, é essencial compreendermos as diversas intenções desses criminosos, para que possamos nos preparar adequadamente e adotar os mecanismos de defesa necessários.

Sob essa perspectiva, precisamos conhecer os vários tipos de *hackers* e suas motivações, pois assim, como peritos forenses, seremos mais eficazes quando nos envolvermos com um crime cibernético. Por meio do resultado do crime e dos mecanismos empregados pelo cibercriminoso, poderemos identificar o perfil do atacante, o que também nos auxiliará em sua eventual identificação.

Geralmente, os *hackers* têm o objetivo de invadir sistemas computacionais para ter acesso aos dados armazenados ou às credenciais de usuários. Estas, por sua vez, podem permitir uma segunda etapa do ataque, que engloba a realização de outras operações ou o acesso a outros sistemas.

Um alvo muito comum dos atacantes é a rede local de computadores, em que tentam obter controle sobre os dispositivos intermediários, como roteadores e *switches*. Nesse caso, muitas vezes a intenção é provocar a indisponibilidade da rede, acarretando um prejuízo significativo para a organização atacada.

Para identificar o perfil de um atacante, em relação aos resultados que ele pretende alcançar, podemos recorrer a uma classificação bem conhecida na área de segurança da informação, que envolve os seguintes tipos de *hackers*: *black hat*, *gray hat* e *white hat*.

De maneira geral, um *hacker* é uma pessoa que possui amplo conhecimento sobre o funcionamento de redes e sistemas. Sendo assim, ele domina as técnicas de exploração de vulnerabilidades e sabe utilizar as ferramentas certas para obter acesso não autorizado a tais redes e sistemas.

Embora o termo *hacker* seja empregado de maneira genérica, na prática, ele se aplica a três tipos específicos de profissionais:

- **Black hat**: Corresponde aos cibercriminosos. Esses *hackers* usam ferramentas de ataque para violar sistemas de segurança de computadores e redes. Os objetivos de um *black hat* geralmente envolvem a obtenção de ganhos pessoais – tipicamente financeiros – ou, simplesmente, causar danos às redes e sistemas atacados. Na maioria das vezes, a palavra *hacker* é utilizada para se referir a esse tipo de atacante.
- **Gray hat**: Ocupa uma posição intermediária entre o *white hat* e o *black hat*. Embora também invadam sistemas ou redes sem o

consentimento do alvo, esses *hackers* não causam danos. Quando um *gray hat* encontra uma vulnerabilidade, ele geralmente informa o alvo sobre a falha, e, em alguns casos, pode até mesmo receber uma recompensa financeira por esse trabalho.

- **White hat**: Também conhecido como "*hacker* ético", o *white hat* é um profissional da área de segurança da informação que emprega as mesmas ferramentas de ataque que o *black hat*, mas com o objetivo de identificar vulnerabilidades em redes e sistemas. O trabalho do *white hat* visa à correção dessas falhas e ao ajuste dos sistemas de segurança, para evitar que um ataque real tenha sucesso. Portanto, esses *hackers* não procuram causar danos, mas sim verificar as possíveis falhas nos sistemas e nos mecanismos de segurança existentes.

Quando investigamos uma invasão a um sistema, podemos nos deparar com esses três tipos de *hackers*. No caso de um ataque realizado por um *white hat*, provavelmente já conheceremos a identidade do atacante, pois ele fará parte da equipe de segurança da própria organização. Por outro lado, se o ataque for realizado por um *gray hat*, pode ser mais difícil identificar o cibercriminoso, mesmo que ele não tenha causado danos ao sistema. Isso ocorre porque o *gray hat* tende a usar as mesmas técnicas do *black hat*, que visam ocultar a identidade do atacante.

Além da classificação tradicional dos *hackers* em *white hat*, *gray hat* e *black hat*, existe também uma divisão de acordo com o perfil do atacante, conforme apresentamos a seguir:

- **Script kiddies**: São usuários amadores, com conhecimentos limitados sobre redes e sistemas. Seu objetivo geralmente é realizar brincadeiras ou vandalismo. Com a grande disponibilidade de ferramentas e tutoriais de ataques facilmente encontrados na internet, esse perfil tem se mostrado bastante comum nos dias atuais.

- **Corretores de vulnerabilidade:** Profissionais de segurança que buscam identificar novas vulnerabilidades, adotando, por vezes, uma postura semelhante à de um *black hat*. No entanto, agem como *gray hats*, já que, após encontrarem as falhas, reportam-nas aos desenvolvedores do sistema, para obter uma recompensa financeira.

- **Hacktivistas:** Esses *hackers* podem ser classificados tanto como *gray hats* quanto *black hats*, e sua principal motivação é de natureza política ou social. O objetivo dos hacktivistas é protestar contra organizações ou governos. Para isso, muitas vezes publicam mensagens em *sites*, divulgam informações confidenciais e/ou causam a indisponibilidade de sistemas.

- **Cibercriminosos:** *Hackers* do tipo *black hat* que atuam de maneira independente ou até mesmo em grandes organizações de cibercrime. O objetivo desses cibercriminosos é, principalmente, obter ganhos monetários, seja por meio de operações financeiras fraudulentas, seja por serem contratados para promover ataques a sistemas específicos.

- ***Hackers* patrocinados por governos:** A intenção desses *hackers* é roubar segredos de governo ou sabotar redes, visando outros governos, grupos terroristas ou grandes corporações. Podem ser classificados como *white hats* pelo governo que os patrocina, mas também como *black hats* pelo alvo da ação.

Ao elaborarmos a documentação de análise das provas de um crime cibernético, as classificações apresentadas poderão ser úteis para tipificar o cibercriminoso e compreender suas intenções. Dessa maneira, reconhecendo o perfil do atacante, podemos aprofundar a investigação, com o objetivo de descobrir sua identidade e localizar os possíveis danos causados pela ação criminosa.

5.3 Mecanismos de ataque

Um dos principais mecanismos de disseminação de *malwares* é o **e-mail**, um sistema de comunicação amplamente utilizado tanto para fins pessoais quanto profissionais. Devido à sua popularidade, o e-mail acaba sendo um alvo vulnerável e uma ferramenta bastante explorada pelos atacantes.

O *spam* consiste em uma das formas mais comuns de usar do e-mail em ataques cibernéticos. Trata-se do envio de mensagens não solicitadas para um grande número de usuários. Esse tipo de disseminação explora o fato de que, ao mandar uma mensagem para muitos destinatários ao mesmo tempo, alguns deles, ao se depararem com o e-mail, inadvertidamente lerão seu conteúdo e, possivelmente, executarão um aplicativo malicioso que infectará o computador do usuário.

Além disso, o *spam* gera uma série de problemas, como a sobrecarga dos recursos de rede, em virtude do envio massivo de mensagens, e o consumo de espaço nos servidores e nos dispositivos dos usuários, uma vez que milhares de cópias da mesma mensagem ficam armazenadas.

Para minimizar o impacto do *spam*, é possível fazer uso de ferramentas *antispam*, que são instaladas nos servidores de e-mail. Elas analisam a quantidade de destinatários de uma mensagem e, caso identifiquem um envio em massa, bloqueiam a mensagem antes que ela chegue ao usuário. Nos aplicativos de e-mail, também é possível aplicar um filtro que aloca diretamente na pasta de lixo eletrônico as mensagens consideradas suspeitas.

Outra forma de ataque via e-mail diz respeito ao uso de **spyware**, um tipo de *software* malicioso projetado para capturar dados do usuário. Nesse caso, o atacante pode redirecionar a vítima para um *site* falso (embora idêntico a uma página legítima), solicitando ao usuário que insira informações como senhas e dados pessoais.

Além disso, o *spyware* pode ser instalado no dispositivo do usuário, para monitorar suas ações e coletar dados de maneira contínua. Essa instalação pode ocorrer por meio de um cavalo de troia (*trojan*), que é capaz de disfarçar o código malicioso. Assim, a ameaça se torna invisível ao usuário.

Importante!

Atualmente, muitos navegadores incluem ferramentas para bloquear *pop-ups*, o que ajuda a impedir que janelas indesejadas sejam abertas durante a navegação. Contudo, se for necessário, o usuário poderá ser solicitado a habilitar esse bloqueio, principalmente quando acessar páginas aptas a explorar tais vulnerabilidades.

Uma forma de ataque, bastante frequente, que visa roubar as credenciais dos usuários é o **phishing**. Nesse tipo de ataque, o *hacker* tenta enganar a vítima, direcionando-a para um *site* falso que lhe solicitará informações confidenciais. Embora o *phishing* possa ser realizado de várias maneiras, a mais comum costuma ser mediante o envio de um e-mail falso (como mencionado no caso do *spyware*). No entanto, também podem ocorrer ataques de *phishing* por meio de *sites* de compras falsificados, que solicitam dados de cartão de crédito na etapa de pagamento. Nesse caso, o produto comprado nunca é enviado ao comprador, e os dados do cartão são indevidamente utilizados em transações fraudulentas.

Além do *phishing*, existe uma técnica mais sofisticada chamada **spear phishing**, caracterizada por ataques personalizados. Nesse caso, o *hacker* envia uma mensagem direcionada especificamente a um usuário, isto é, contendo dados particulares do destinatário. A inclusão de informações pessoais confere maior credibilidade à mensagem. Assim, o atacante aumenta a probabilidade de que o usuário não perceba se tratar de um e-mail falso, elevando assim as chances de sucesso para coletar dados da vítima.

A crescente disseminação da tecnologia de Voz sobre IP (VoIP) deu origem ao *vishing*, uma das técnicas de ataque mais comuns que utilizam essa tecnologia. O termo *vishing* é uma combinação de *voice* (voz) e *phishing* e diz respeito ao uso da voz como meio para capturar informações do usuário.

Nesse ataque, o usuário recebe uma mensagem de voz, que simula um comunicado de uma instituição bancária, solicitando a confirmação de dados do cliente ou alertando sobre uma transação financeira não realizada. Após a mensagem, o usuário é direcionado a um atendente, que pede a confirmação de dados pessoais oum até mesmo, orienta-o a instalar um aplicativo de segurança no *smartphone*. Como medida de prevenção, muitas instituições financeiras emitem alertas aos clientes, informando que nunca solicitam informações pessoais por telefone ou mensagem, alertando sobre esse tipo de golpe.

Ainda no contexto de *phishing*, um ataque muito comum é o *pharming*, por meio do qual o atacante cria um *site* falso, idêntico ao original, com o objetivo de enganar o usuário. Porém, ao contrário do *phishing* tradicional, em que o *hacker* pode modificar o endereço do *site* legítimo, no *pharming* a página falsa utiliza um nome muito semelhante ao original, mas não exatamente idêntico. O método mais eficaz para evitar esse tipo de ataque é sempre verificar atentamente o nome do *site* na barra de endereço do navegador, garantindo se tratar de um endereço legítimo.

Ao realizarmos uma investigação forense em um ambiente computacional, é fundamental analisar os e-mails recebidos pelos usuários do sistema, pois poderemos encontrar exemplos de *phishing* e/ou *spear phishing*. Além disso, ao examinar os registros de navegação, é possível verificar se o usuário acessou *sites* falsificados, como no caso de *pharming*, o que pode nos ajudar a identificar a origem do crime cibernético em questão.

5.4 Dimensões da segurança

Agora que já conhecemos os principais tipos e mecanismos de ataques à segurança dos dados, bem como os tipos de *hackers* responsáveis por esses ataques, vamos explorar as dimensões fundamentais que servem de base para a elaboração de sistemas de defesa e segurança cibernética.

5.4.1 Modelo CID

Ao avaliarmos o cenário de um crime cibernético durante uma investigação forense, é essencial identificar as falhas nos sistemas de segurança ou as omissões na configuração e na operação desses sistemas. Isso nos permitirá não apenas reconhecer os *hackers* responsáveis pelo crime, como também possíveis colaboradores ou facilitadores da ação. Para tanto, é necessário compreender os requisitos de um sistema de segurança cibernética, suas principais características e seu funcionamento.

Na elaboração de um sistema de segurança, devemos nos basear nos objetivos da segurança da informação, também conhecidos como *princípios da segurança*, os quais formam um tripé representado pelo Modelo CID, de **confidencialidade**, **integridade** e **disponibilidade** dos dados (Barreto, 2016), conforme abordaremos a seguir.

5.4.1.1 Confidencialidade

O primeiro princípio é o da confidencialidade, o qual visa garantir que o acesso a informações, recursos e processos seja restrito apenas aos usuários autorizados. O objetivo é bloquear o acesso de pessoas não autorizadas, assegurando que dados sensíveis sejam mantidos privados. Esse princípio está intimamente relacionado ao conceito de privacidade de dados e informações.

Em relação à privacidade, a Lei n. 13.709, de 14 de agosto de 2018, conhecida como *Lei Geral de Proteção de Dados Pessoais* (LGPD), exige que as organizações protejam as informações pessoais de seus clientes, fornecedores e colaboradores (Brasil, 2018). A referida normativa determina que dados sensíveis, como informações pessoais, devem ser protegidos contra acessos não autorizados, vazamentos ou uso indevido.

Tais contextos representam cenários de atuação para peritos forenses, especialmente em casos de vazamento de dados sensíveis. Nesse tipo de investigação, a análise pode revelar se o vazamento se deu por conta de falhas nos sistemas de segurança, de omissões por parte dos responsáveis ou, inclusive, da inexistência de controles de segurança adequados. É importante ressaltar que, mesmo com sistemas de segurança avançados e de alta tecnologia, nunca haverá 100% de garantia de segurança.

Para assegurar a confidencialidade dos dados, podem ser empregadas ferramentas como **criptografia, sistemas de controle de acesso** e **autenticação de usuários**.

Criptografia

O processo de criptografia consiste na codificação das informações de modo que apenas usuários autorizados possam decodificá-las. Esse será o mote central do último capítulo desta obra, no qual exploraremos os métodos e algoritmos de criptografia em maior profundidade. No entanto, é necessário ressaltar sua relevância na proteção da confidencialidade.

Sistemas de controle de acesso

Outra forma de assegurar a confidencialidade dos dados é por meio de um sistema de controle de acesso, que impede o acesso não autorizado a computadores, redes e bases de dados. Para implementar um sistema eficaz de controle de acesso, podemos utilizar o Modelo AAA, um "tripé" de segurança que descreve três componentes essenciais para a proteção de dados e recursos de rede: *autenticação, autorização* e *auditoria* (também chamada de *contabilização* ou *registro*) (Santos; Stuppi, 2015).

Na etapa de **autenticação**, o objetivo é verificar a identidade do usuário para impedir o acesso de indivíduos não autorizados. Esse processo geralmente envolve a validação de credenciais, que incluem um nome de usuário ou ID e uma senha. Cada usuário possui credenciais exclusivas, garantindo que a autenticação seja personalizada e eficaz.

Após a autenticação, vem a etapa de **autorização**, na qual determinamos quais recursos e dados o usuário tem permissão para acessar e que operações ele pode realizar. No caso de um sistema de arquivos, por exemplo, é possível configurar permissões específicas para diferentes usuários. Alguns poderão ser autorizados a ler e gravar em uma pasta, enquanto outros terão apenas permissão para ler, mas não para modificar ou adicionar arquivos.

Por fim, na etapa de **auditoria**, fazemos o registro de todas as operações realizadas pelos usuários, assim como dos dados acessados. Isso permite rastrear detalhadamente o que foi feito, por quem e por quanto tempo o sistema foi acessado. No contexto do Modelo AAA, a auditoria corresponde à etapa que mais contribui para o trabalho de perícia forense, pois os registros de atividades – também conhecidos como *logs* – fornecem informações cruciais. Com base nesses registros, podemos identificar todos os usuários envolvidos em um processo, determinar quais dados foram acessados e que ações foram executadas por cada um deles. Essa "viagem no tempo" possibilita resgatar os *logs* necessários para reconstruir as ações realizadas, o que é essencial para a investigação.

É importante notar que, frequentemente, os conceitos de confidencialidade e privacidade são confundidos. Todavia, embora relacionados, ambos se referem a aspectos diferentes da segurança da informação, especialmente do ponto de vista legal. Ainda que a maioria dos dados privados também seja confidencial, nem todas as informações confidenciais são, necessariamente, privadas. Portanto, ao aplicar o Modelo AAA, asseguramos que o acesso às informações confidenciais seja autorizado somente após a validação da identidade do usuário (autenticação) e da confirmação de seu direito de acessar os dados (autorização).

Por sua vez, quanto à privacidade dos dados, a intenção é atestar que as informações armazenadas por uma organização – fornecidas por clientes, funcionários ou parceiros – sejam acessadas exclusivamente pelos usuários que realmente necessitam desses dados para desempenhar suas funções. Além disso, o uso dessas informações deve ser restrito à finalidade para a qual foram originalmente fornecidas.

5.4.1.2 Integridade

O outro objetivo fundamental de um sistema de segurança é garantir a integridade de dados e informações, ou seja, assegurar que os dados mantenham sua precisão, consistência e confiabilidade ao longo do tempo.

Para assegurar essa integridade dos dados, um dos métodos amplamente utilizados, e que já mencionamos anteriormente neste livro, diz respeito à geração de *hash*, que permite validar os dados contidos em um arquivo. Além disso, os sistemas de segurança podem ser configurados para verificar a consistência dos dados, detectando qualquer alteração não autorizada. Ademais, os controles de acesso também desempenham um papel importante nesse processo, uma vez que, na etapa de autorização, é possível definir quais usuários têm permissão para modificar o conteúdo dos dados, garantindo sua confiabilidade.

O processo de verificação da integridade tem o objetivo de atestar que os dados permaneçam consistentes, seja em um arquivo, seja em uma imagem ou, até mesmo, em um simples registro dentro de um banco de dados.

Além disso, a manutenção da integridade dos dados é fator crítico para muitas organizações, dependendo do seu perfil de atuação.

Por exemplo, em uma instituição financeira, a integridade dos dados dos usuários e das transações realizadas deve ser garantida de forma absoluta. Qualquer falha nesse sentido pode comprometer completamente a confiabilidade da base de dados, tornando-a inutilizável ou, no mínimo, insegura para operações financeiras. Isso destaca a importância de uma gestão rigorosa e de sistemas de segurança robustos para impedir cenários como esse.

5.4.1.3 Disponibilidade

O terceiro princípio da segurança da informação diz respeito a garantir a disponibilidade dos dados, o que consiste em manter os sistemas de informação, bem como os serviços, acessíveis a qualquer momento. Assim, as medidas de segurança adotadas devem bloquear eventuais tentativas de ataque que possam interromper o acesso dos usuários à rede ou aos sistemas.

Para garantir essa disponibilidade, além de redundância na rede e nos sistemas, podemos adotar práticas como a realização de *backups* periódicos, a manutenção regular dos equipamentos e a atualização constante dos sistemas operacionais e *softwares*.

Além disso, é fundamental desenvolver um plano de recuperação de desastres, a fim de que, em um incidente de segurança, os recursos computacionais não fiquem indisponíveis. No entanto, esse é um tema mais avançado, que foge do escopo deste estudo.

5.4.2 Estado dos dados

Outro aspecto importante na segurança da informação refere-se ao estado em que os dados se encontram, a saber: **armazenamento**, **transmissão** e **processamento**. Cada um deles demanda medidas de segurança distintas, pois as ameaças variam conforme a condição das informações. Por exemplo, dados transmitidos pela internet, como um arquivo ou uma imagem, estão expostos a riscos que não existiriam caso estivessem armazenados localmente em um disco rígido.

Portanto, o estado dos dados influencia diretamente as medidas de segurança a serem adotadas, bem como as ferramentas mais adequadas de análise em processos de investigação forense.

Armazenamento

Quando as informações estão em repouso, ou seja, mantidas em uma mídia, as medidas de segurança dependerão do tipo de dispositivo de armazenamento utilizado. Por exemplo, caso as informações se encontrem em um disco óptico somente de leitura, elas estarão menos sujeitas a ameaças de *malwares*; desse modo, será necessário apenas garantir a disponibilidade da mídia, manuseando-a adequadamente e evitando danos físicos que possam comprometer o conteúdo.

Uma das formas de aumentar a disponibilidade dos dados, comumente adotada em servidores, corresponde ao uso de RAID (*redundant array of independent disks*). Trata-se de um arranjo de uma matriz redundante de discos independentes com vários discos rígidos, mas que é visto pelo sistema operacional como se fosse um único disco, proporcionando maior desempenho e tolerância a falhas. Nesse sentido, se um dos discos falhar, os dados não serão perdidos, garantindo a continuidade do acesso às informações.

Outra estrutura de armazenamento de dados refere-se ao NAS (*network attached storage*), um dispositivo centralizado que se conecta à rede local e que possibilita o armazenamento e a recuperação de informações por qualquer usuário conectado à rede, desde que tenha a devida autorização. As principais vantagens dos dispositivos NAS são sua flexibilidade e escalabilidade, as quais proporcionam o aumento da capacidade de armazenamento de acordo com o crescimento da demanda.

Em um cenário de investigação forense, quando a rede utiliza um NAS, podemos concentrar a busca pelos dados nesse dispositivo centralizado, o que facilita a análise, à medida que elimina a necessidade de examinar vários computadores individuais. Assim, o processo de investigação se torna mais eficiente.

Transmissão

Outro estado no qual os dados podem se encontrar relaciona-se à sua transmissão, ou seja, quando estão em trânsito. A transmissão de dados pode ocorrer por diversos métodos, tais como pelo uso de mídias removíveis, que são fisicamente transportadas de um dispositivo para outro, ou, mais comumente, por meio de redes cabeadas ou sem fio, às quais os computadores devem estar devidamente configurados para se conectarem à rede e permitirem a transferência de dados entre eles.

Nesse contexto, o principal desafio do investigador forense é atestar a segurança dos dados enquanto estão sendo transmitidos. E, para atingir esse objetivo, é possível utilizar o Modelo CID, que abordamos anteriormente, a fim de impedir que:

- os dados sejam capturados por *hackers* enquanto estiverem sendo transmitidos pela rede (confidencialidade);
- os dados sejam alterados durante a transmissão (integridade);
- *hackers* interrompam o fluxo de dados entre os terminais de usuários, impossibilitando a comunicação entre eles (disponibilidade).

Processamento

O processamento diz respeito ao terceiro estado dos dados e é composto por três fases distintas: **entrada, modificação** (ou tratamento) e **saída**.

Em relação à etapa de entrada, existem diversos métodos que permitem inserir informações no sistema, o que pode incluir desde a digitação manual das informações e a digitalização de formulários, até o carregamento de arquivos e a coleta de dados por meio de sensores. Independentemente da forma de entrada, é fundamental assegurar a integridade dos dados, garantindo que as informações inseridas no sistema sejam precisas e corretas.

Já durante a modificação (ou tratamento) dos dados, é crucial atestar que os processos realizados sobre as informações de entrada resultem no tratamento correto das informações sem que haja alteração indevida ou corrupção dos dados originais. Um exemplo clássico de ataque que compromete essa etapa é o *ransomware*, que interfere diretamente no processamento dos dados.

Nesse caso, o *malware* criptografa os dados antes de salvá-los no dispositivo de armazenamento. Assim, quando o usuário tenta acessá-los, eles são descriptografados para que o processo pareça normal e o usuário não perceba que a criptografia ocorreu. Contudo, em determinado momento, o processo de descriptografia é interrompido, e o usuário é notificado de que deverá pagar uma taxa de resgate para obter a chave de descriptografia e recuperar o acesso aos dados.

Em um processo de investigação forense, é essencial investigar se houve falhas de segurança durante o processamento dos dados, como a execução de um processo inesperado que tenha alterado as informações originais ou que comprometa o resultado esperado. Logo, detectar a interferência maliciosa no tratamento de dados é necessário para compreender o que pode ter contribuído para a ocorrência de um ataque (como o *ransomware*) e qual foi o impacto disso no sistema.

Por fim, na etapa de saída, caso ocorra a ação de um *malware*, por exemplo, aparece uma mensagem informando que os dados do usuário foram criptografados e que este terá de pagar para resgatá-los por meio de um depósito, em *bitcoins*, em uma conta em um banco internacional.

5.5 Funções de *hash*

Um dos princípios da segurança da informação que já discutimos anteriormente é o da integridade dos dados, cujo objetivo é garantir que as informações não sejam alteradas tanto quando estão em repouso (no estado de armazenamento) como quando estão sendo transmitidas por meio de redes, especialmente pela internet.

Os sistemas de segurança que implementam a integridade nas comunicações pela rede devem assegurar que as informações recebidas pelo destinatário sejam exatamente iguais às que foram enviadas. Ademais, quando os dados estão no estado de armazenamento, esses sistemas devem garantir que os dados armazenados em determinada mídia e que estão sendo recuperados são idênticos aos que foram gravados na mesma mídia.

Um dos mecanismos mais empregados para asseverar a integridade tanto dos dados armazenados em uma mídia como dos transmitidos pela rede são os algoritmos de *hash*, os quais geram um "resumo" único de um conjunto de dados binários – uma mensagem (Figura 5.1), um arquivo ou qualquer outro tipo de dado. Esse resumo gerado é chamado de *hash* (Barreto, 2016).

Uma premissa fundamental dos algoritmos de *hash* é que dados distintos geram *hashes* diferentes. Assim, como o *hash* está vinculado a um conjunto de dados exclusivo, ele também é compreendido como a "impressão digital" do arquivo ou da mensagem.

Outra característica importante dos algoritmos de *hash* diz respeito ao fato de que o tamanho do *hash* gerado é fixo, independentemente do tamanho do conjunto de informações utilizado para sua criação, podendo variar apenas em função do algoritmo empregado.

Figura 5.1 – Função de *hash* de uma mensagem

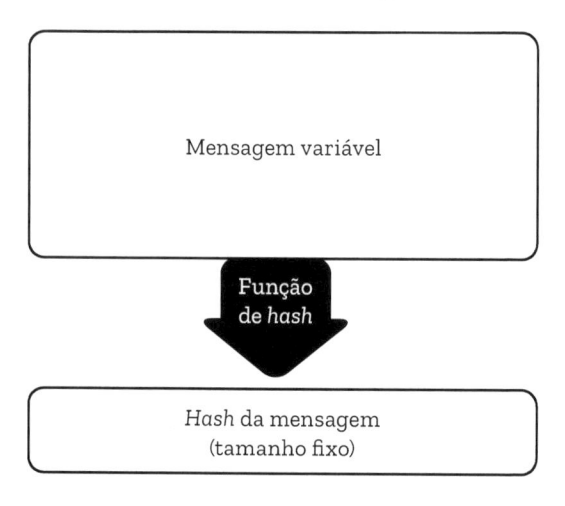

```
┌─────────────────────────────┐
│                             │
│      Mensagem variável      │
│                             │
└─────────────────────────────┘
            │
        ┌───▼───┐
        │Função │
        │de hash│
        └───┬───┘
            ▼
┌─────────────────────────────┐
│      Hash da mensagem       │
│       (tamanho fixo)        │
└─────────────────────────────┘
```

Os algoritmos de *hash* funcionam em apenas uma direção. Ou seja, podemos gerar um *hash* com base em um conjunto de dados, porém, a partir do *hash*, não conseguimos reconstruir o conjunto original usado para gerá-lo. Esse princípio matemático é denominado *função não reversível*.

Para que um algoritmo de *hash* seja eficiente, é importante que ele exija o mínimo de recursos computacionais para ser executado, isto é, que seja de fácil processamento. No entanto, ele tem de ser suficientemente complexo para que sua reversão seja extremamente difícil ou, idealmente, impossível.

E como podemos empregar o *hash* para assegurar a integridade das informações?

Na prática, os algoritmos de *hash* são utilizados para verificar a integridade dos dados, permitindo identificar alterações nas informações originais, seja em uma mensagem, seja em um arquivo. Portanto, se o resultado da verificação for negativo, ou seja, se a validação não for bem-sucedida, isso indicará que houve alteração e que os dados estão corrompidos – logo, deve-se descartar a mensagem ou o arquivo.

Assim, para atestar a integridade de uma mensagem ou de um arquivo, devemos executar o algoritmo de *hash* sobre os dados recebidos (seja da mensagem, seja do arquivo baixado) e comparar o resultado com o *hash* das informações originais, o qual deve ter sido enviado com a mensagem ou baixado com o arquivo. Caso se constate alguma alteração nos dados originais, o *hash* gerado a partir dos dados recebidos será diferente do *hash* original, conforme ilustrado na Figura 5.2.

Figura 5.2 – Comparação dos *hashes* recebido e gerado

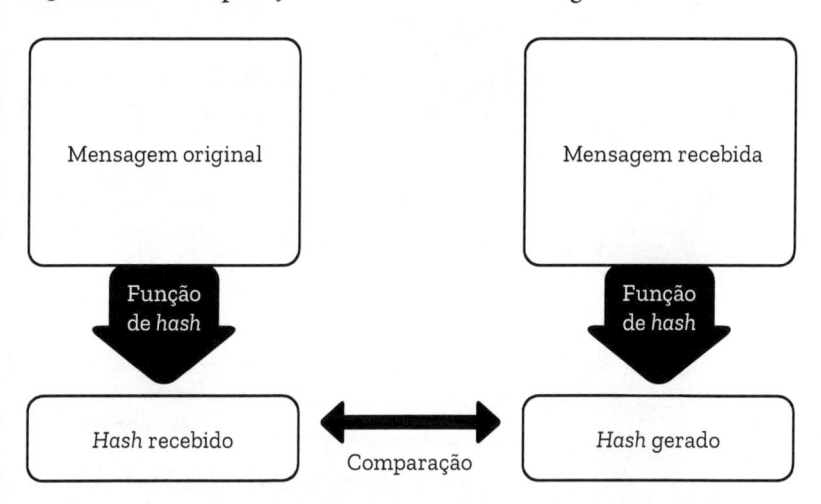

```
┌─────────────────────┐              ┌─────────────────────┐
│                     │              │                     │
│ Mensagem original   │              │ Mensagem recebida   │
│                     │              │                     │
└─────────────────────┘              └─────────────────────┘
     ▼ Função                             ▼ Função
       de hash                              de hash
┌─────────────────────┐   ◄──────►   ┌─────────────────────┐
│   Hash recebido     │  Comparação  │    Hash gerado      │
└─────────────────────┘              └─────────────────────┘
```

Além disso, caso seja necessário gerar uma cópia forense de um arquivo em análise (um arquivo de dados ou uma imagem digital), será preciso calcular o *hash* desses dados antes de encaminhar uma cópia do arquivo. Com isso, será possível, posteriormente, validar a integridade do arquivo recebido (Araújo, 2020). Igualmente, ao salvar arquivos de prova em uma mídia removível, também devemos gerar o *hash* de tais informações e armazená-lo na mesma mídia, preferencialmente em uma mídia somente de leitura, para que, posteriormente, o *hash* seja usado na validação da integridade desses dados.

O *hash* também pode ser aplicado com o intuito de assegurar que não houve alterações acidentais ou não intencionais nos dados. Isso pode ocorrer, por exemplo, ao acessarmos um arquivo de imagem e o *software* utilizado para visualizá-lo conduzir algum tipo de alteração, a exemplo da atualização dos metadados contidos no arquivo, conforme vimos anteriormente.

Contudo, apenas a função de *hash* não é suficiente para proteger os dados contra alterações intencionais e deliberadas, uma vez que o *hash* gerado não contém qualquer informação de identificação que permita garantir quem efetivamente o criou. Dessa forma, um *hacker* poderia interceptar a mensagem, alterar seu conteúdo e gerar um novo *hash* para a mensagem modificada, enviando assim a versão adulterada com o *hash* gerado. Ao receber a mensagem e calcula o *hash*, o destinatário validaria o conteúdo da mensagem, pois o *hash* gerado pelo *hacker* corresponderia à versão alterada, por ter sido ele o responsável por gerar o *hash*.

Sob essa perspectiva, percebemos que, na prática, o mecanismo de *hash* é vulnerável ao ataque conhecido como *man-in-the-middle*, que consiste na interceptação e alteração dos dados pelo *hacker*. Portanto, gerar somente um *hash* não é o bastante para atestar a segurança de uma mensagem tampouco a integridade das informações quando estas são transmitidas pela internet. Nessa ótica, faz-se necessário adotar outros mecanismos de segurança, como a implementação de uma estratégia de autenticação da mensagem, por exemplo

5.6 Algoritmos de *hash*

Para gerar o *hash* de um conjunto de dados digitais, um algoritmo comumente utilizado na transferência de mensagens, imagens ou arquivos pela internet é o MD5 (Santos; Stuppi, 2015), abreviação de *message digest 5* (resumo da mensagem). O MD5 foi desenvolvido por Ronald Rivest, em 1991, como uma evolução do MD4, gerando um *hash* de 128 *bits* de comprimento, independentemente do tamanho do conjunto de dados usado para sua geração.

O MD5 é um algoritmo que opera baseado em uma função unidirecional. Isso significa que é possível gerar um *hash* com base em um conjunto de dados de entrada, mas não há como gerar os dados de entrada originais a partir do *hash* gerado por esse conjunto de dados – o que é uma premissa de um algoritmo de *hash*, conforme explicamos anteriormente.

Além do MD5, outro algoritmo bastante recorrente na criação de *hashes* é o SHA (*secure hash algorithm*). Desenvolvido pelo Instituto Nacional de Padrões e Tecnologia dos Estados Unidos (Nist – National Institute of Standards and Technology), em 1994, esse algoritmo opera de forma semelhante ao MD5 (Santos; Stuppi, 2015).

A primeira versão do algoritmo SHA (Figura 5.3) foi o SHA-1, capaz de gerar um *hash* de 160 *bits* de comprimento para um conjunto de dados de até 2^{64} *bits*. Embora o SHA fosse um pouco mais lento do que o MD5, sua maior segurança era justificada pelo comprimento mais extenso do *hash*, que o tornava mais resistente a ataques de força bruta e tentativas de reversão.

Para aumentar ainda mais a segurança, o Nist publicou quatro versões adicionais do SHA, os quais proporcionaram a geração de *hashes* com comprimentos ainda maiores:

- **SHA-224**: gera um *hash* de 224 *bits*;
- **SHA-256**: gera um *hash* de 256 *bits*;
- **SHA-384**: gera um *hash* de 384 *bits*;
- **SHA-512**: gera um *hash* de 512 *bits*.

Figura 5.3 – Opções de *hash* SHA

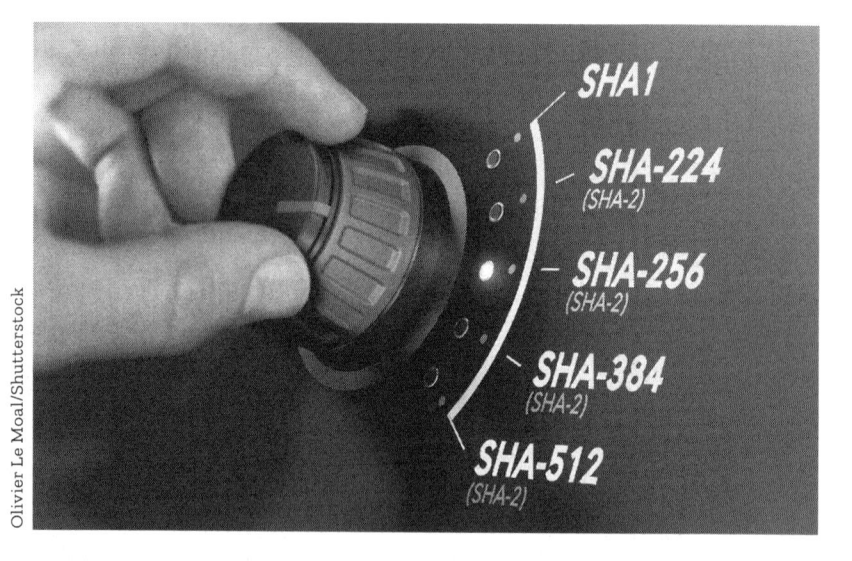

![SHA1, SHA-224 (SHA-2), SHA-256 (SHA-2), SHA-384 (SHA-2), SHA-512 (SHA-2)]

Olivier Le Moal/Shutterstock

Com essas quatro novas opções disponíveis para a geração de *hash* com o algoritmo SHA, a escolha mais segura seria o SHA-512, pois ele gera o *hash* mais longo, o que o torna mais resistente. No entanto, é necessário considerar o impacto dessa escolha na capacidade de processamento do dispositivo usado para gerar o *hash*. Isso porque algoritmos mais complexos, que geram *hashes* maiores, certamente exigem mais recursos computacionais.

Se a intenção for enviar uma imagem ou arquivo pela internet, será adequado optar por um algoritmo mais leve, a fim de garantir a compatibilidade com a maioria dos dispositivos dos usuários, que possuem capacidade computacional limitada. Por outro lado, se estivermos gerando o *hash* de dados que fazem parte de uma prova em uma investigação forense, o ideal será selecionar o algoritmo mais eficiente possível, já que isso aumenta a garantia de integridade das informações.

Contudo, como mencionamos anteriormente, empregar apenas o algoritmo de *hash* não possibilita assegurar a autenticidade dos dados, somente sua integridade, porque o *hash* gerado não contém informações sobre quem o criou. Nesse contexto, para aumentar a segurança, será preciso adicionar um recurso de autenticação, que, no caso, consiste na utilização de chaves secretas.

Em um ataque do tipo *man-in-the-middle*, conforme já abordamos, um *hacker* pode interceptar os dados trafegados pela rede, alterá-los e gerar um novo *hash* para os dados modificados. Assim, quando o destinatário receber os dados alterados e gerar o *hash*, ele validará o *hash* recebido, o qual corresponde às informações alteradas e geradas pelo *hacker*. Esse processo está ilustrado na Figura 5.4, a seguir.

Figura 5.4 – Ataque *man-in-the-middle* com *hash* válido

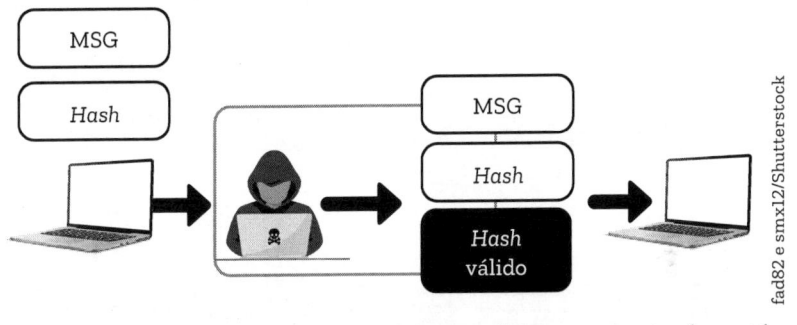

Dessa forma, para detectar um ataque do tipo *man-in-the-middle*, a solução é usar uma chave no processo de geração do *hash* dos dados originais. Nesse caso, ao receber a mensagem ou o arquivo, o destinatário adicionará a chave às informações recebidas e executará a função de *hash*, conforme mostra a Figura 5.5.

Figura 5.5 – Geração de *hash* com HMAC

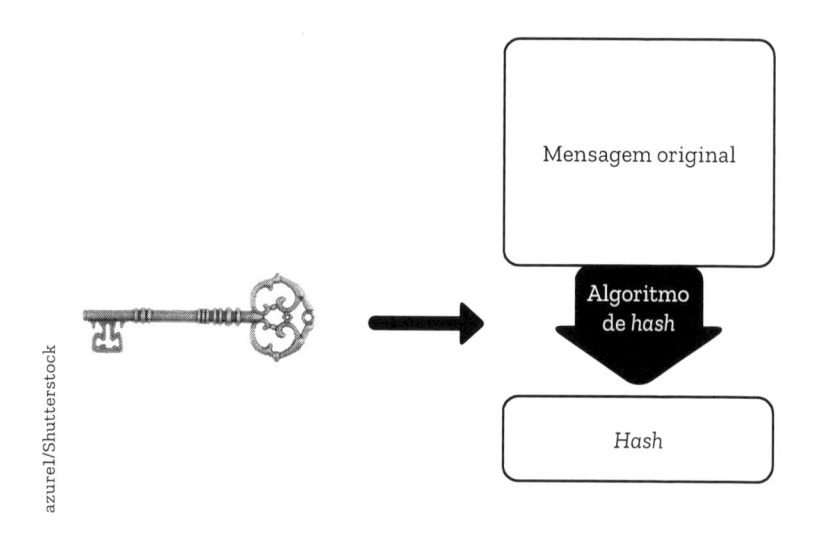

```
                          ┌─────────────────────┐
                          │                     │
                          │  Mensagem original  │
                          │                     │
                          └─────────────────────┘
                                     │
    ┌──── chave ────┐         ┌──────▼──────┐
    │   (imagem)    │  ──▶    │  Algoritmo  │
    └───────────────┘         │   de hash   │
                              └──────┬──────┘
                                     ▼
                          ┌─────────────────────┐
                          │        Hash         │
                          └─────────────────────┘
```

azurel/Shutterstock

Assim, haverá um ponto crítico de segurança relacionado ao processo de geração do *hash*. Isso porque somente o remetente e o destinatário deverão conhecer a chave, a qual não deve ser transmitida com os dados. Diante disso, será necessário contar com um mecanismo ou processo de comunicação adicional para assegurar que tanto o transmissor quanto o receptor possuam a mesma chave secreta (também chamada de *senha*).

Nessa perspectiva, existe uma opção de algoritmo de *hash* que inclui essa chave no processo de geração do *hash*: trata-se do algoritmo HMAC (*hash message authentication code*), também conhecido como KHMAC (*keyed-hash message authentication code*) (Santos; Stuppi, 2015).

Portanto, o algoritmo HMAC é capaz de neutralizar um ataque do tipo *man-in-the-middle*, já que a mensagem interceptada e alterada pelo *hacker*, ao ser enviada ao destinatário, não terá seu *hash* validado, pois este não foi gerado com a chave correta. Desse modo, quando o destinatário gerar o *hash* de validação utilizando a chave correta, o *hash* não corresponderá ao *hash* recebido, gerado pelo *hacker* (Figura 5.6).

Figura 5.6 – Ataque *man-in-the-middle* com HMAC

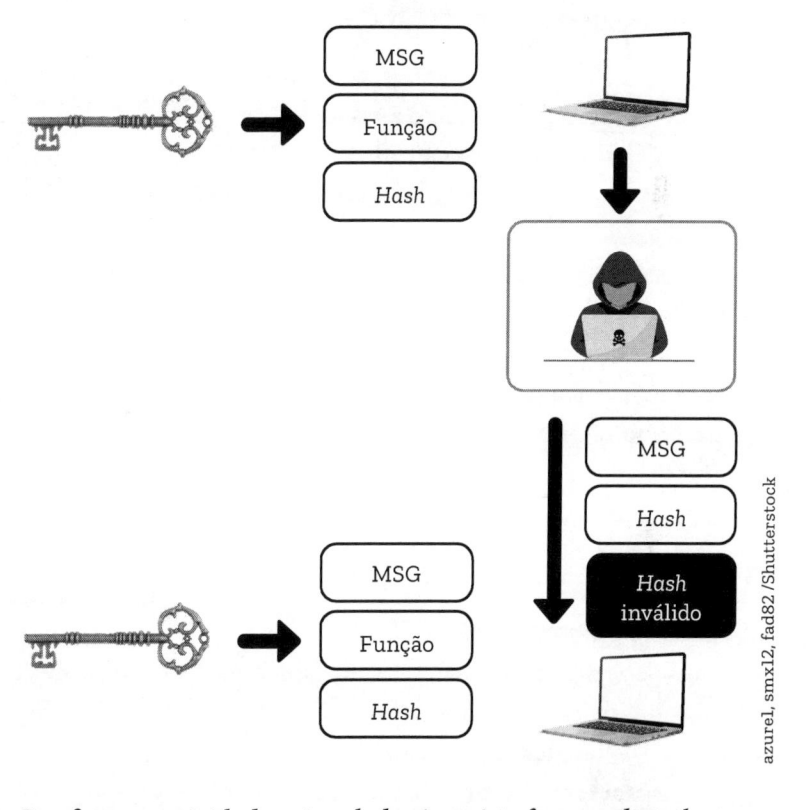

Por fim, nas atividades vinculadas à perícia forense digital, outra funcionalidade de segurança associada à utilização do algoritmo HMAC refere-se à possibilidade de gerar o *hash* da imagem dos dados da prova acrescido de uma chave secreta. Nesse sentido, ao sermos confrontados com a apresentação de um arquivo de prova diferente do original – com conteúdo e *hash* distintos –, poderemos empregar a chave secreta para demonstrar que houve alteração no conteúdo.

O arquivo apresentado pela "outra parte" terá um *hash* diferente daquele que seria gerado com a chave secreta acrescentada.

Portanto, durante um processo de análise forense digital, o algoritmo HMAC pode ser usado para assegurar tanto a integridade quanto a autenticidade dos dados, especialmente em relação a um conjunto de informações de prova.

Para saber mais

SILVA, M. B. F. da. **Cibersegurança**: uma visão panorâmica sobre a segurança da informação na internet. Rio de Janeiro: Freitas Bastos, 2023. [E-book].

Essa obra apresenta uma visão abrangente sobre a segurança da informação no contexto da comunicação via internet. Nesse sentido, o autor aborda os tipos de ataques, as ameaças e as vulnerabilidades associadas ao tema, além de informações técnicas e diversas referências para um estudo aprofundado de possibilidade de ataque, assim como os mecanismos empregados pelas diferentes ameaças.

Síntese

A segurança da informação integra o processo de investigação forense, pois os dados digitais podem ter sido submetidos a técnicas de codificação ou a investigação pode se referir a um crime digital cometido com o uso de técnicas de *hacking*.

Neste capítulo, tratamos do conceito de *malware* e analisamos os perfis dos criminosos no ambiente virtual, assim como suas possíveis técnicas de ataque. Tais conhecimentos tornam possível que a investigação seja conduzida com base nas ações delituosas dos infratores, por meio da exploração das possíveis vulnerabilidades encontradas.

Ainda, abordamos os modelos AAA e CID, empregados para identificar eventuais falhas dos sistemas de segurança que possam ter sido exploradas na execução de um crime digital. Por servirem de base para a implementação desses sistemas de segurança cibernética, a análise de tais modelos permite identificarmos problemas em algum sistema ou, ainda, a participação de outros cibercriminosos.

Questões para revisão

1. Uma das principais formas de propagação de ameaças refere-se à transmissão pela internet, de abrangência mundial. No entanto, além de computadores e *smartphones* conectados, que outro tipo de dispositivo também pode ser alvo dessas ameaças?

2. Um dos tipos de *malware* sobre o qual praticamente todos nós já ouvimos falar é o vírus, um código executável que necessita de um hospedeiro, ou seja, precisa estar anexado a outro arquivo para se propagar. Quanto à ação do vírus, assinale a alternativa correta:
   a) Ele funciona como uma bomba lógica, cujo código malicioso pode ser executado a qualquer momento, em função da data e da hora programadas para isso.
   b) O vírus necessita ser executado pelo usuário, pois somente assim poderá causar o dano para o qual foi programado.
   c) Ele remove o código principal de seu hospedeiro, de forma que possa se propagar sem a necessidade de estar anexado a outro arquivo.
   d) Ele necessita estar anexado a um sistema operacional e, por esse motivo, também é chamado de *root kit*.

3. Uma classificação utilizada para a identificação do perfil de um atacante é a divisão dos *hackers* em *black hat*, *gray hat* e *white hat*, em função do resultado pretendido. Sobre isso, em que medida o *hacker* do tipo *gray hat* se diferencia dos demais?
   a) Ele não busca nenhum tipo de ganho, e sim apenas o reconhecimento do seu domínio técnico.
   b) Ele busca causar um dano como forma de protesto, em defesa de alguma causa específica, política ou social.

c) Ele atua a serviço de um governo ou de uma empresa de segurança, visando expor outros governos ou empresas concorrentes às vulnerabilidades conhecidas.

d) Ele atua sem o consentimento do alvo do ataque, mas seu objetivo não é causar um dano efetivo, e sim identificar falhas dos sistemas de segurança.

4. Atualmente, um dos principais ataques realizados pelos *hackers* é o *phishing*, cuja estratégia consiste em direcionar o usuário para uma determinada plataforma, tipicamente um *site* falso. A esse respeito, qual é a próxima etapa desse ataque?

   a) A captura das credenciais do usuário ou dos dados do cartão de crédito, para a realização de uma compra ou transação financeira posterior.

   b) O encaminhamento do usuário para o *site* legítimo, para que ele possa validar a transação realizada pelo *hacker*.

   c) O fornecimento de outra oferta para o alvo, para que seja confirmada a compra ou a transação financeira anterior.

   d) A troca das credenciais do usuário por uma conta não legítima, direcionando o alvo para uma central de atendimento.

5. Um dos objetivos de um sistema de segurança é garantir a integridade de dados e informações. Nessa perspectiva, qual é o mecanismo mais empregado para essa finalidade nos processos de envio de mensagens pela internet?

Questões para reflexão

1. Existem inúmeros tipos de *malware* que podem infectar os dispositivos dos usuários conectados à internet, principalmente computadores. Porém, também utilizamos nossos *smartphones* para nos conectar à internet. Nesse cenário, por serem equipamentos cuja estrutura é muito enxuta, é necessário recorrer a algum aplicativo de segurança?

2. O *phishing*, um dos ataques atualmente mais realizados pelos *hackers*, também utiliza o mecanismo de *spyware*, sendo que esse ataque ocorre em algumas etapas. Qual é a primeira etapa dessa invasão? E qual é a recomendação de segurança para não sermos vítimas dos *hackers*?

3. Como alternativas para a geração de *hash*, existem os algoritmos MD5, de 128 *bits*, e o SHA, que apresenta diversas opções de tamanho de *hash*. No entanto, se utilizarmos apenas um desses algoritmos, poderemos considerar que as mensagens enviadas pela internet estarão protegidas de um ataque do tipo *man-in-the--middle*? Por quê?

6

CRIPTOGRAFIA DOS DADOS

Conteúdos do capítulo
- Criptografia.
- Algoritmos DES, 3DES e AES.
- Assinatura digital.
- Certificado digital.

Após o estudo deste capítulo, você será capaz de:

1. explicar como o processo de criptografia é realizado, mediante a utilização de um algoritmo de codificação dos dados e das chaves de criptografia, garantindo a segurança dos dados;
2. identificar os principais tipos de algoritmos de criptografias, suas principais características e os cenários de aplicação de cada um, diferenciando os algoritmos de criptografia simétrica e assimétrica;
3. analisar a codificação possibilitada pelos algoritmos de criptografia DES, 3DES e AES, diferenciando os processos de criptografia e descriptografia de cada um deles, além do nível de segurança que eles implementam;
4. entender como a geração das assinaturas digitais, por meio dos recursos de geração de *hash* e de criptografia, assegura a integridade e a autenticidade das mensagens;
5. compreender como os certificados digitais são utilizados na troca de mensagens pela internet e identificar a importância da cadeia de autoridades certificadoras na validação de tais certificados.

6.1 Criptografia

Quando estudamos a história da humanidade, percebemos que a preocupação com a segurança da informação remonta a muitos séculos. Um dos pontos críticos nas estratégias de guerra sempre foi garantir a confidencialidade das mensagens trocadas entre as tropas, o que era obtido por meio de codificação. Assim, se um mensageiro fosse capturado pelo inimigo, a mensagem que ele transportava não poderia ser interpretada, pois estava codificada.

Um dos primeiros dispositivos usados para a codificação de mensagens foi a chamada *Cifra de César*, que consistia em um cilindro com anéis dispostos ao redor, cada um contendo as letras do alfabeto, conforme ilustrado na Figura 6.1. Para realizar a codificação, era necessário deslocar os anéis de acordo com uma regra de alinhamento específica, o que gerava a transposição das letras e, consequentemente, o texto codificado.

Figura 6.1 – A Cifra de César

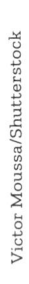

Para compreender melhor a técnica de codificação por deslocamento das letras do alfabeto, utilizaremos como exemplo a transposição da palavra *CIFRA*, com um deslocamento de duas posições. Isso significa que cada letra deve ser trocada por aquela localizada duas posições à frente na sequência do alfabeto:

- para a letra C, o deslocamento é C – D – E;
- para a letra I, o deslocamento é I – J – L;
- para a letra F, o deslocamento é F – G – H;
- para a letra R, o deslocamento é R – S – T;
- para a letra A, o deslocamento é A – B – C.

Portanto, a codificação da palavra *CIFRA*, utilizando o deslocamento de duas posições, resultará na "palavra" *ELHTC*, que, como esperado, não tem nenhum significado.

Para decodificar essa mensagem, é necessário fazer o processo inverso, ou seja, cada letra do alfabeto deve ser substituída por aquela que se encontra duas posições para trás.

Com esse exemplo, já podemos identificar dois componentes distintos de um processo de codificação: a técnica empregada, que é o chamado *algoritmo*, e um parâmetro que pode ser "escolhido", que pode ser denominado *chave* ou, até mesmo, *senha*.

Na Cifra de César, se considerarmos o alfabeto brasileiro, teríamos 26 letras e, assim, a possibilidade de deslocar as letras em até 25 posições diferentes. Portanto, a chave de codificação pode apresentar até 25 valores distintos.

Dessa forma, caso uma mensagem tenha sido criptografada com essa técnica, mas não soubermos qual foi a chave utilizada, poderíamos testar as 25 possibilidades de deslocamento até encontrarmos uma combinação que gerasse uma mensagem compreensível. Esse processo é conhecido como **ataque de força bruta**, no qual testamos todas as possibilidades até obtermos os dados originais e, com efeito, "quebrarmos" a codificação.

Outra histórica técnica de codificação de mensagens diz respeito à Cifra de Vigenère, que, de forma semelhante à Cifra de César, também continha uma chave alfabética para realizar o processo de codificação. Contudo, em vez de usar apenas um valor de deslocamento para todas as letras da mensagem, cada letra recebia um deslocamento distinto, e esse deslocamento também era determinado por uma palavra, o que nos introduz ao conceito de senha. Esse processo de codificação era mais complexo, mas também muito mais seguro. Para codificar a mensagem, a sequência de caracteres que formava a senha era aplicada repetidamente sobre toda a mensagem, realizando-se a transposição letra por letra. Desse modo, para decodificarmos uma mensagem codificada com a Cifra de Vigenère, além de sabermos que essa foi a técnica utilizada, precisaríamos conhecer a chave ou senha empregada para a codificação, que poderia ser qualquer palavra.

Portanto, podemos constatar que essa técnica de codificação é muito mais segura, pois, mesmo utilizando a transposição de letras, a senha utilizada é uma palavra, e não apenas um número, o que torna o ataque de força bruta muito mais difícil.

Atualmente, com o uso de sistemas de criptografia mais avançados e algoritmos mais complexos, uma tentativa de quebra de mensagens criptografadas por meio de força bruta pode demandar um tempo considerável até se alcançar o resultado desejado. Nessa ótica, o ponto crítico passa a ser a chave criptográfica. Por essa razão, é fundamental manter "chaves fortes", para dificultar o trabalho de um *hacker*.

Além disso, ao considerarmos os algoritmos de criptografia atualmente utilizados, estima-se que a quebra de uma senha poderia levar anos, isto é, o conteúdo da mensagem já não teria mais utilidade. Sendo assim, devemos realizar a troca de senhas periodicamente, para evitar que, caso uma senha seja quebrada em um ataque de força bruta sobre uma mensagem capturada, ela se torne inválida em um curto período de tempo (Galvão, 2015).

Portanto, como vimos nos exemplos anteriores, um processo de codificação – e, no nosso caso, um processo de criptografia – é composto por dois elementos distintos: a regra de codificação, determinada por um algoritmo matemático, e a chave de criptografia, conforme ilustrado na Figura 6.2:

Figura 6.2 – Processo de criptografia

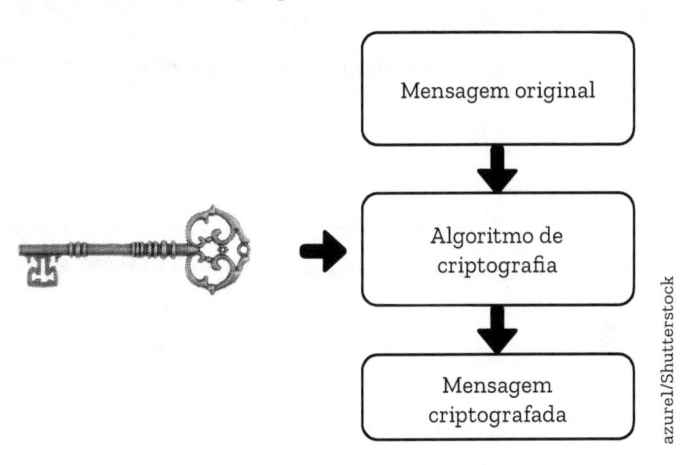

```
                    ┌──────────────────┐
                    │ Mensagem original │
                    └──────────────────┘
                             │
                             ▼
  🗝  →                ┌──────────────────┐
                    │   Algoritmo de    │
                    │    criptografia   │
                    └──────────────────┘
                             │
                             ▼
                    ┌──────────────────┐
                    │     Mensagem     │
                    │   criptografada  │
                    └──────────────────┘
```

azurel/Shutterstock

Para decodificar uma mensagem, é necessário tanto conhecer o algoritmo matemático usado para a codificação quanto a chave em, a seguir.regada. Esse procedimento de decodificação também pode ser denominado *descriptografia* ou *decriptografia*.

Em relação à utilização das chaves nos processos de criptografia e descriptografia, existem dois tipos de algoritmos distintos: os algoritmos de criptografia simétrica, que aplicam a mesma chave tanto para a criptografia quanto para a descriptografia; e os algoritmos de criptografia assimétrica, que usam um par de chaves, sendo uma para a criptografia e outra para a descriptografia, sendo que ambas estão vinculadas uma à outra.

A respeito disso, o primeiro tipo de algoritmo que estudaremos refere-se aos algoritmos de criptografia simétrica, cuja chave é a mesma para a codificação e para a decodificação da mensagem.

Quando optamos por um algoritmo simétrico, também se faz necessário definir como a chave de criptografia será compartilhada de maneira segura. Caso a mensagem seja capturada, o *hacker* precisará da chave de descriptografia, por isso ela não pode ser compartilhada sem as devidas precauções. Do contrário, o *hacker* poderá interceptá-la e descriptografar a mensagem.

O processo de comunicação baseado em um algoritmo de criptografia simétrica (Figura 6.3) deve respeitar as seguintes etapas:

I. O transmissor aplica o algoritmo de criptografia à mensagem original utilizando uma chave de criptografia, gerando assim a mensagem codificada.
II. O transmissor encaminha a mensagem codificada para o receptor por meio de uma rede de comunicação de dados.
III. O receptor recebe a mensagem e aplica o mesmo algoritmo de descriptografia, utilizando a mesma chave usada para codificar a mensagem original.
IV. A mensagem é então interpretada, pois retorna ao seu formato original.

Figura 6.3 – Criptografia simétrica

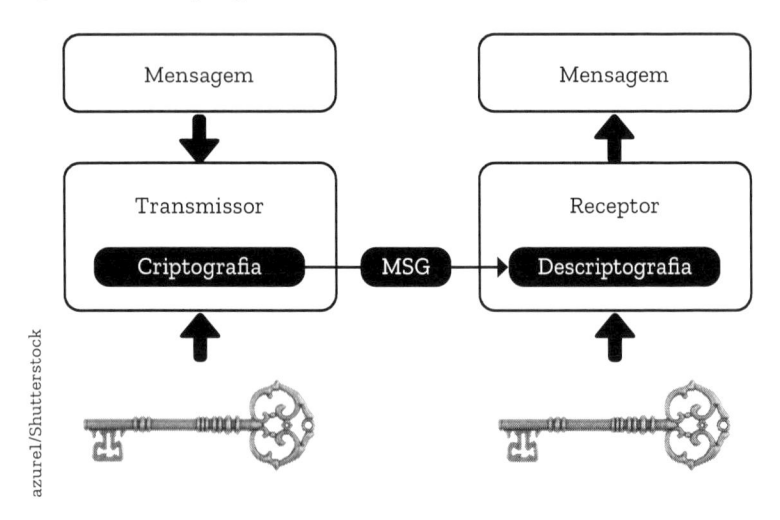

Ao analisarmos o processo ilustrado na figura anterior, verificamos que tanto o transmissor quanto o receptor precisam ter a mesma chave. Em virtude disso, os algoritmos de criptografia simétrica também são conhecidos como algoritmos do tipo *pre-shared key* (PSK). Isso significa que é necessário contar com um método capaz de garantir que as chaves de criptografia sejam conhecidas previamente pelo remetente e pelo destinatário antes da realização da criptografia e da transmissão da mensagem codificada.

Atualmente, entre os algoritmos de criptografia simétrica, existem chaves que variam entre 80 *bits* e 256 *bits*. Quanto maior for o tamanho da chave, maior será o nível de segurança do algoritmo, uma vez que a quantidade de combinações possíveis, em um ataque de força bruta, cresce exponencialmente em relação ao tamanho da chave. Isso ocorre porque, para cada *bit* adicional em uma chave, dobra-se a quantidade de combinações binárias possíveis.

Ademais, levando em conta a necessidade de empregar a mesma chave para a codificação e a decodificação das informações, os algoritmos de criptografia simétrica também são chamados de algoritmos de **chaves compartilhadas**, pois exigem um mecanismo prévio de compartilhamento das chaves, garantindo que tanto o transmissor quanto o receptor possuam a mesma informação.

Em relação ao exposto, surge a maior vulnerabilidade de um processo de criptografia simétrica: caso um *hacker* consiga capturar a chave, todas as mensagens criptografadas com ela serão comprometidas.

Assim, não podemos simplesmente enviar a chave antes das mensagens criptografadas, pois tal informação estaria vulnerável, já que uma forma de codificação segura para as mensagens não teria sido estabelecida até então. Nesse sentido, se a troca da chave fosse capturada por um *hacker*, ele poderia descriptografar todas as mensagens trocadas posteriormente.

Dessa forma, ao utilizarmos um mecanismo de criptografia simétrica, é fundamental adotar um método eficiente e seguro para o envio das informações a respeito da chave de criptografia que será empregada nas mensagens subsequentes.

Ainda quanto à criptografia simétrica, como a chave estará armazenada tanto no transmissor quanto no receptor, por meio de um método de compartilhamento prévio, é possível aplicar chaves de tamanho menor. Essa estratégia resulta em menos demanda de processamento e, consequentemente, agiliza o processo de criptografia, sendo essa uma vantagem dos algoritmos de chave simétrica.

Portanto, os algoritmos de criptografia simétrica, amplamente utilizados atualmente, são bastante rápidos, pois processam as mensagens praticamente na mesma velocidade de transmissão da rede. Dessa maneira, não há um atraso significativo no processo de comunicação de dados. Exemplos desses algoritmos são o *data encryption standard* (DES), o *triple data encryption standard* (3DES) e o *advanced encryption standard* (AES), que estudaremos em detalhes mais adiante.

Por outro lado, em relação aos algoritmos de criptografia assimétrica, a principal diferença consiste no fato de que ele envolve duas chaves distintas: uma para a criptografia, e outra – o par da chave de criptografia – para a descriptografia das mensagens (Galvão, 2015).

Logo, na criptografia assimétrica, a chave de criptografia é mantida localmente e usada para codificar os dados, enquanto o receptor da mensagem utilizará uma chave diferente para descriptografá-la, como podemos observar na Figura 6.4, a seguir.

Figura 6.4 – Criptografia assimétrica

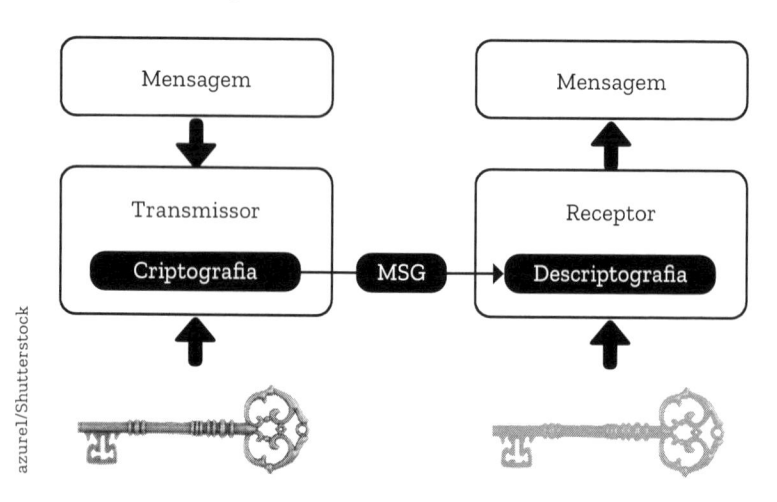

No entanto, para utilizarmos duas chaves diferentes, mas que possuem correspondência entre si, os algoritmos de criptografia assimétrica são mais complexos que os de criptografia simétrica. Isso exige maior capacidade de processamento dos dispositivos que executam esses algoritmos, o que pode resultar em mais tempo para a codificação e a decodificação das mensagens.

Como em todo processo de criptografia, a definição das chaves é um ponto crítico. Em virtude disso, nos algoritmos de criptografia assimétrica, é necessário empregar chaves maiores, geralmente na faixa de 512 a 4.096 *bits*. Isso porque, no processo de descriptografia, é possível usar o que chamamos de **chave pública**, a qual obriga a aplicação de chaves maiores para garantir a segurança do processo. Porém, ao contrário da criptografia simétrica, na criptografia assimétrica, como são chaves diferentes, não é necessário realizar a troca prévia de chaves.

Um dos exemplos mais comuns de aplicação da criptografia assimétrica ocorre durante transações financeiras pela internet, como ao acessar o *site* de um banco. Nesse caso, a comunicação entre usuário e instituição utiliza um algoritmo de criptografia assimétrica que emprega duas chaves distintas: a chave pública e a chave privada.

Nesse processo de comunicação, uma das chaves é empregada para criptografar os dados, e a outra, para descriptografá-los, de acordo com o fluxo das mensagens. Assim, quando enviamos informações para o *site* de um banco (por exemplo, para fazer um pagamento), a mensagem será criptografada com a chave pública da organização e enviada pela internet. Todavia, para decodificar essa mensagem, será necessária a chave privada, a qual é de posse exclusiva da instituição bancária. Desse modo, caso a mensagem seja interceptada por um *hacker*, ele não conseguirá decodificá-la, já que, para isso, precisaria da chave privada, que somente o banco possui.

Essa chave é denominada *chave privada* justamente porque é de uso exclusivo da organização e deve ser mantida em sigilo, com o mais alto nível de segurança possível. Mesmo que o *hacker* saiba qual é a chave pública do banco – a qual é distribuída para todos os usuários –, ele não poderá descriptografar as mensagens. A chave pública serve exclusivamente para a criptografia dos dados, e não para a descriptografia.

Um dos algoritmos mais conhecidos para a criptografia assimétrica refere-se ao *Rivest-Shamir-Adleman* (RSA), que realiza tanto a criptografia quanto a descriptografia. Além disso, o algoritmo *Diffie-Hellman* (DH) pode ser usado para obter as chaves assimétricas.

Agora que apresentamos as principais características dos processos de criptografia simétrica e assimétrica, vamos explorar um pouco mais os algoritmos que podem ser empregados nesses processos.

6.2 Algoritmo DES

Um dos primeiros algoritmos de criptografia simétrica, presente já no início dos sistemas de segurança da informação, é o algoritmo DES, desenvolvido pela International Business Machines Corporation (IBM) na década de 1970. Quando foi criado, acreditava-se que o DES jamais poderia ser quebrado, levando em conta a capacidade computacional da época (Santos; Stuppi, 2015). Atualmente, porém, ele é considerado inseguro, pois pode ser quebrado com relativa facilidade, em função da evolução da capacidade dos sistemas computacionais.

Estima-se que um *hacker* levaria cerca de 6,4 dias para quebrar a criptografia DES, o que obrigaria a troca das chaves de criptografia em um intervalo inferior a 7 dias – algo que, provavelmente, não seria prático.

Como se trata de um algoritmo de criptografia simétrica, utilizamos chaves compartilhadas, ou seja, uma mesma chave serve tanto para a criptografia quanto para a descriptografia dos dados, o que implica a necessidade de estabelecer um processo seguro de compartilhamento da chave antes de iniciar a criptografia.

No DES, a chave de criptografia tem 56 *bits* de comprimento, e os dados a serem criptografados são divididos em blocos de 64 *bits*. A operação de criptografia é realizada aplicando a chave de 56 *bits* a cada um desses blocos, em um processo conhecido como **cifragem de bloco**.

Em virtude da grande capacidade computacional dos dias atuais, a chave de 56 *bits* do DES corresponde à sua principal fragilidade, uma vez que pode facilmente ser quebrada por um *hacker*. Ademais, como mencionamos, esse algoritmo divide a mensagem original em blocos de 64 *bits*.

No DES, um dos métodos empregados é o *electronic code book* (ECB), que criptografa cada bloco individualmente utilizando a chave de 56 *bits*, como ilustra a Figura 6.5.

Figura 6.5 – Criptografia DES no modo ECB

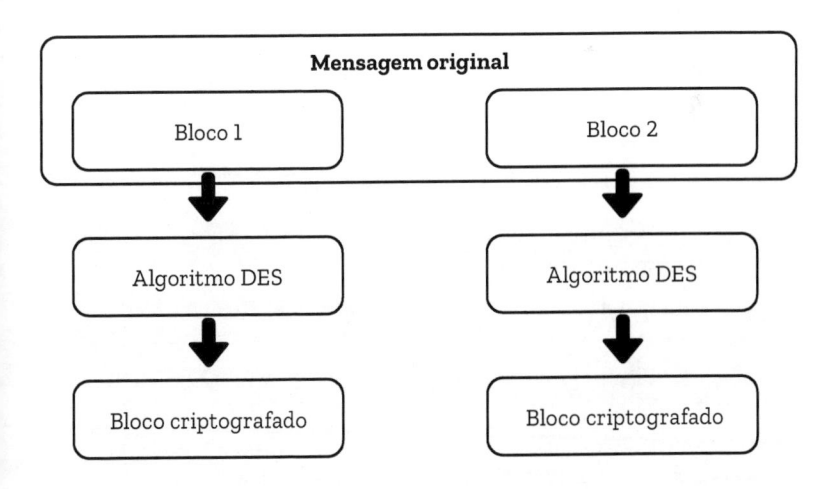

```
                    Mensagem original
         ┌─────────────────┐      ┌─────────────────┐
         │     Bloco 1     │      │     Bloco 2     │
         └────────┬────────┘      └────────┬────────┘
                  ▼                         ▼
         ┌─────────────────┐      ┌─────────────────┐
         │  Algoritmo DES  │      │  Algoritmo DES  │
         └────────┬────────┘      └────────┬────────┘
                  ▼                         ▼
         ┌─────────────────┐      ┌─────────────────┐
         │Bloco criptografado│    │Bloco criptografado│
         └─────────────────┘      └─────────────────┘
```

No método de cifragem de blocos, se houver dois blocos originais idênticos, os blocos criptografados gerados pelo processo de criptografia também serão iguais, o que consiste em uma fragilidade do algoritmo, à medida que facilita o processo de decodificação dos dados, caso a mensagem seja interceptada por um *hacker*.

Para minimizar essa adversidade, o algoritmo DES emprega outro modo de codificação de blocos, denominado *cipher block chaining* (CBC), no qual cada bloco de dados é submetido a uma operação lógica binária com o bloco anterior, que já foi criptografado. O resultado dessa operação é, então, novamente criptografado. Dessa forma, embora os blocos de dados originais sejam iguais, os blocos criptografados gerados serão diferentes, aumentando a segurança do algoritmo.

O processo de criptografia DES por meio do método de cifragem de blocos CBC pode ser visto na Figura 6.6, a seguir.

Figura 6.6 – Criptografia DES no modo CBC

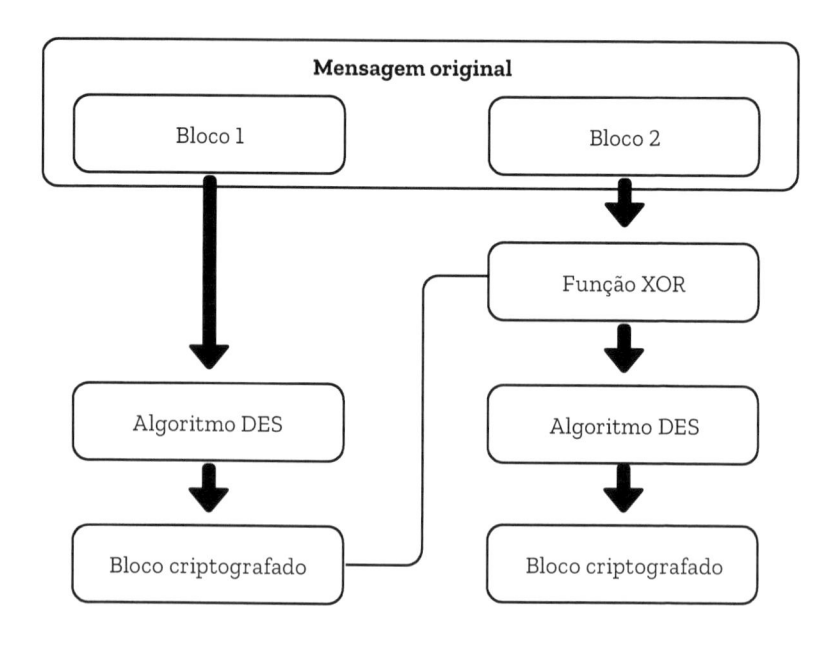

```
┌─────────────────────────────────────────────────────────┐
│              Mensagem original                          │
│    ┌──────────────┐              ┌──────────────┐       │
│    │   Bloco 1    │              │   Bloco 2    │       │
│    └──────┬───────┘              └──────┬───────┘       │
│           │                             ▼               │
│           │                      ┌──────────────┐       │
│           │                      │  Função XOR  │       │
│           │                      └──────┬───────┘       │
│           ▼                             ▼               │
│    ┌──────────────┐              ┌──────────────┐       │
│    │ Algoritmo DES│              │ Algoritmo DES│       │
│    └──────┬───────┘              └──────┬───────┘       │
│           ▼                             ▼               │
│    ┌──────────────┐              ┌──────────────┐       │
│    │    Bloco     │              │    Bloco     │       │
│    │ criptografado│              │ criptografado│       │
│    └──────────────┘              └──────────────┘       │
└─────────────────────────────────────────────────────────┘
```

Assim, na opção pelo uso do algoritmo DES, em vez do modo ECB, deveremos sempre utilizar o modo CBC, pois este dificulta o processo de quebra da criptografia e torna o algoritmo mais seguro.

Todavia, mesmo com o modo CBC, ainda existe a fragilidade associada ao uso de uma chave de 56 *bits*, razão pela qual o DES é considerado seguro apenas por um curto período de tempo – o suficiente para que um *hacker* consiga quebrar a criptografia. Por esse motivo, é recomendável empregar um algoritmo mais seguro, como o 3DES, com o objetivo de garantir um tempo maior de segurança no uso das chaves.

Um aspecto crucial de qualquer algoritmo de criptografia simétrica, incluindo o DES, refere-se ao método de compartilhamento da chave. A chave de criptografia deve ser compartilhada de maneira extremamente segura. Além disso, é essencial realizar a troca periódica das chaves, a fim de minimizar a vulnerabilidade ao ataque de força bruta, que consiste na aplicação de todas as combinações binárias possíveis para uma chave de 56 *bits* – o tamanho típico da chave no DES.

Em consequência, quando o *hacker* conseguir quebrar a chave por meio desse processo, esta já terá sido trocada. Logo, a chave obtida pelo atacante será inválida para as futuras mensagens, as quais serão criptografadas com uma nova chave.

Por fim, ressaltamos a necessidade de manter chaves fortes, isto é, que evitem palavras comuns ou sequências facilmente previsíveis. Em um ataque de força bruta, o *hacker* pode recorrer ao chamado **ataque de dicionário**, que utiliza uma lista de palavras comuns e de suas combinações para agilizar a quebra da senha.

6.3 Algoritmos 3DES e AES

Uma evolução do algoritmo DES que pode ser aplicada em um processo de criptografia simétrica corresponde ao algoritmo *triple data encryption standard* (3DES), criado em 1977. Ele é considerado 256 vezes mais forte do que o DES, operando com blocos de 64 *bits*, mas seu algoritmo é mais complexo, o que aumenta significativamente sua segurança (Santos; Stuppi, 2015).

O algoritmo 3DES, como o próprio nome indica, realiza três operações sequenciais: a criptografia dos dados; a descriptografia dessas informações; e uma nova criptografia. Para esse processo, podemos utilizar uma, duas ou três chaves distintas. Nesse sentido, o algoritmo 3DES dificulta a ocorrência de um ataque de força bruta, já que serão necessárias três operações distintas que podem empregar até três chaves diferentes. Desse modo, a quantidade de tentativas para quebrar uma mensagem criptografada com o 3DES será 256 vezes maior em comparação com uma mensagem criptografada com o DES.

Se empregarmos apenas uma chave, o resultado final será igual ao obtido mediante a criptografia realizada pelo algoritmo DES, sem qualquer benefício adicional. Ou seja, o melhor desempenho do algoritmo 3DES envolve a aplicação de três chaves distintas.

O processo de codificação do 3DES, com as três operações sequenciais, pode ser observado na Figura 3.7, a seguir.

Figura 6.7 – Algoritmo de criptografia 3DES

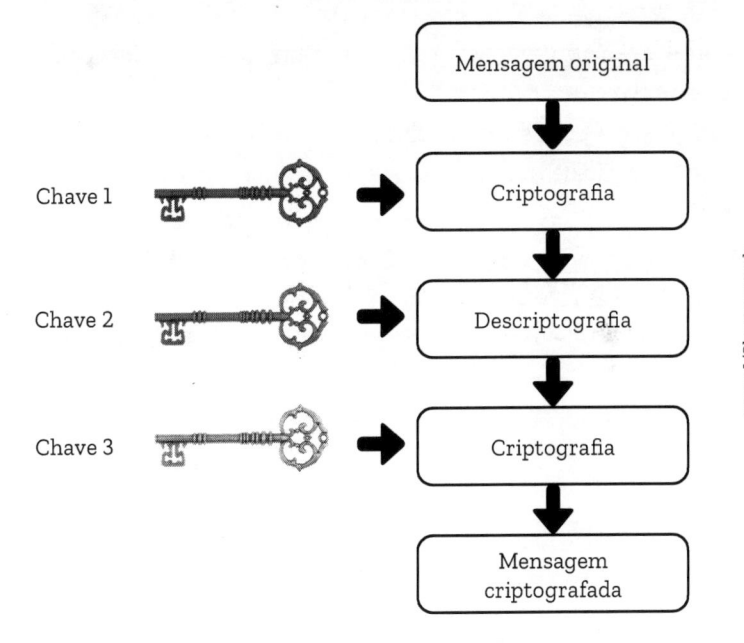

Analisando a figura anterior, podemos perceber que, ao utilizarmos a mesma chave nas etapas 1 e 2, o resultado será a própria mensagem original. No entanto, isso não faria sentido, pois apenas desperdiçaríamos processamento sem obter nenhuma codificação. Dessa forma, ao usarmos uma chave diferente na fase 2 – descrita como uma operação de descriptografia –, o resultado será uma mensagem sem significado, já que, ao tentarmos descriptografar uma mensagem com a chave "errada", geramos um conjunto de informações que não têm correlação direta com a mensagem original. Tal processo reforça a segurança do algoritmo contra ataques de força bruta.

Devido à sua complexidade, o algoritmo 3DES demanda mais recursos computacionais dos dispositivos. Como consequência, o tempo de processamento tende a ser maior em comparação com o algoritmo DES, o que pode tornar a comunicação mais lenta caso o dispositivo não tenha capacidade computacional suficiente.

No algoritmo 3DES, é possível empregar chaves de 112 *bits* de comprimento quando duas chaves distintas são utilizadas para as fases de codificação: uma para criptografar e outra para descriptografar, sendo que a chave de criptografia é repetida na terceira etapa. Além disso, também podemos aplicar chaves de 168 *bits* de comprimento, o que implica o uso de três chaves distintas – uma para cada etapa do processamento –, o que aumenta significativamente a segurança do sistema.

Por sua vez, para decodificar a mensagem criptografada com o algoritmo 3DES, é necessário realizar as três etapas do processo, mas na ordem inversa, conforme pode ser observado na Figura 6.8, a seguir.

Figura 6.8 – Descriptografia 3DES

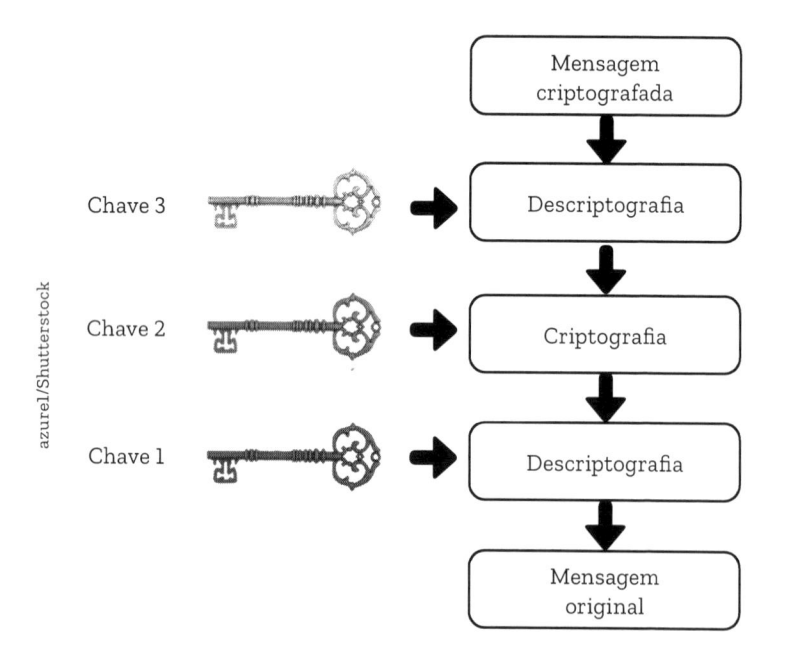

Na primeira etapa, realizamos a descriptografia da mensagem recebida com a terceira chave usada na codificação, o que permite recuperar o conjunto de dados gerado na segunda etapa do mesmo processo. Em seguida, procedemos com a criptografia desses dados empregando a segunda chave, para gerar o conjunto de dados que havia sido obtido na primeira etapa da codificação. Finalmente, na última etapa, efetuamos a descriptografia aplicando a primeira chave, o que resultará na recuperação da mensagem original.

Outro algoritmo de criptografia simétrica que podemos utilizar é o *advanced encryption standard* (AES), desenvolvido por meio de um desafio lançado pelo National Institute of Standards and Technology (Nist) em 1997. O objetivo era criar um novo algoritmo de criptografia simétrica, uma vez que os algoritmos DES e 3DES já eram considerados "fracos" (Santos; Stuppi, 2015).

Assim, em 2001, o algoritmo de criptografia de cifras de blocos, proposto por Rijndael, finalmente foi selecionado para ser o novo padrão de criptografia simétrica homologado pelo Nist, sendo chamado de *AES*, também conhecido como *algoritmo de Rijndael*.

Quando aplicamos o algoritmo AES, podemos utilizar as chaves simétricas de 128 *bits*, 192 *bits* ou 256 *bits* de comprimento, as quais serão empregadas para a criptografia dos blocos com tamanhos de 128 *bits*, 192 *bits* ou 256 *bits*. Nesse sentido, existem até nove combinações possíveis entre os distintos tamanhos de chaves e blocos.

O algoritmo AES usa chaves maiores que as do DES e do 3DES, razão pela qual tais chaves são significativamente mais fortes. Por isso, o AES deve ser adotado como o algoritmo padrão para a criptografia simétrica, enquanto o DES e o 3DES devem ser evitados.

Em termos de processamento, ao contrário do que poderíamos supor, o AES apresenta um desempenho muito mais rápido do que o DES quando executado no mesmo *hardware*. Logo, embora seja cinco vezes mais eficiente que o DES e o 3DES, o AES consome menos recursos do terminal do usuário, devido à sua maior velocidade de processamento. Portanto, é mais adequado para sistemas de comunicação que exigem alta taxa de transferência e baixa latência.

O fator limitador que normalmente está relacionado à necessidade de maiores recursos computacionais para a implementação de novas tecnologias não se aplica ao AES. Ou seja, ele pode ser executado no mesmo *hardware* que utilizava os algoritmos DES e 3DES, mas com desempenho superior. Dessa forma, o AES é praticamente obrigatório como padrão para criptografia simétrica, uma vez que fornece maior segurança e melhor desempenho, sem exigir aumento na capacidade computacional dos dispositivos.

Em uma investigação forense digital, ao nos depararmos com os algoritmos DES ou 3DES no sistema em análise, precisaremos investigar se o uso desses algoritmos "frágeis" pode ter sido uma das causas do crime cibernético em questão. Nesse cenário, o cibercriminoso poderia ter explorado as vulnerabilidades de tais algoritmos (que não mais deveriam ser utilizados) para quebrar senhas de mensagens, capturar informações trafegadas e utilizar informações sigilosas no cometimento do crime.

6.4 Assinatura digital

Para comprovar a autenticidade de um documento impresso, utilizamos assinaturas manuscritas. No ambiente digital, quando precisamos garantir a autenticidade de uma mensagem ou de um documento eletrônico, também contamos com um recurso semelhante: a assinatura digital (Galvão, 2015).

No entanto, levando em conta que um arquivo digital pode ser facilmente alterado, por ser composto por um conjunto de dados binários, é necessário dispor de um mecanismo capaz de assegurar que o conteúdo original do documento, gerado por seu emissor, não sofreu nenhuma modificação após ter sido assinado digitalmente.

Sob essa ótica, a assinatura digital corresponde a um algoritmo matemático que serve para verificar a autenticidade e a integridade de um conjunto de dados digitais, seja uma mensagem, seja um documento, seja até mesmo, um *software*. Inclusive, a geração de um *hash* – que, conforme estudamos, trata-se de um mecanismo que atesta a integridade e a autenticidade das informações – também pode ser entendida como uma forma de assinatura digital.

Com a digitalização dos processos e a tramitação de documentos no formato eletrônico, a recorrência a mecanismos de assinatura digital para validar a autenticidade desses documentos já se tornou uma prática comum. Isso porque, para além dessa finalidade, tais mecanismos também devem possibilitar o rastreamento dos documentos digitais, com a validação de todas as assinaturas e aprovações realizadas, assegurando a validade legal dos documentos e processos digitais.

Ainda, outra importante funcionalidade das assinaturas digitais refere-se ao não repúdio, que consiste em asseverar que um documento assinado no ambiente virtual não tenha sua autenticidade negada pelo autor após ser assinado.

Portanto, a garantia da validade de uma assinatura digital depende dos seguintes requisitos:

- **A assinatura é autêntica**: A validação do emissor da assinatura é inequívoca e, portanto, é impossível que seja gerada por outros usuários ou por meio de outros recursos digitais.
- **A assinatura é inalterável**: Ou seja, não há como alterar a assinatura após sua inserção em um documento digital.
- **A assinatura não pode ser reutilizada**: Depois de ser inserida em um documento, a assinatura digital não pode ser copiada para outro documento.
- **A assinatura não pode ser repudiada**: Não é possível ao emissor da assinatura digital alegar não ter sido o responsável por assinar determinado documento, garantindo a legalidade do documento digital.

Dessa forma, uma assinatura digital é uma solução mais eficiente para assegurar a autenticidade e a integridade dos dados digitais do que a utilização do algoritmo *hash message authentication code* (HMAC) – que abordamos anteriormente em relação à geração de *hashes*.

O princípio de operação das assinaturas digitais para garantir a autenticação dos dados digitais está associado ao processo de criptografia assimétrica, o qual utiliza duas chaves: a chave pública e a chave privada, sendo uma utilizada para criptografar e a outra para descriptografar.

Assim, ao criptografarmos uma mensagem com a chave privada, precisaremos da chave pública correspondente (par da chave privada) para descriptografarmos a mensagem. Por outro lado, se empregarmos uma chave pública diferente da chave pública correspondente à chave privada usada para criptografar a mensagem, não será possível descriptografá-la.

Para entender melhor como funciona o processo de troca de mensagens usando as chaves pública e privada, atestando a integridade e a autenticidade das mensagens transmitidas através de uma rede pública, vamos analisar o exemplo hipotético a seguir.

Maria precisa enviar uma mensagem para Pedro, garantindo que ele tenha certeza de que a mensagem recebida é a mesma que foi efetivamente enviada por ela, isto é, não sofreu qualquer alteração durante o processo de transmissão pela internet.

Como vimos anteriormente, o mecanismo que Maria pode adotar, para garantir a integridade da mensagem, é a geração de um *hash* da mensagem original, a ser enviado com a mensagem. No entanto, esse *hash* pode estar vulnerável a um ataque do tipo *man-in-the-middle*. Nesse contexto, um *hacker* poderia interceptar a mensagem, alterá-la e gerar um novo *hash* para a mensagem modificada, enviando para Pedro tanto a mensagem alterada quanto o novo *hash*. Assim, ao receber a mensagem e o *hash* gerados pelo *hacker*, Pedro validaria o *hash* e acreditaria que aquela seria a mensagem original enviada por Maria.

Para evitar essa vulnerabilidade e transformar o *hash* em uma assinatura digital, algumas operações adicionais devem ser realizadas, conforme descrito a seguir.

Primeiramente, Maria gera o *hash* da mensagem original, mas, antes de enviá-lo para Pedro, ela criptografa o *hash* aplicando um algoritmo de criptografia assimétrica. Para isso, ela pode utilizar sua chave privada, conforme ilustrado na Figura 6.9.

Figura 6.9 – Geração de mensagem com assinatura digital

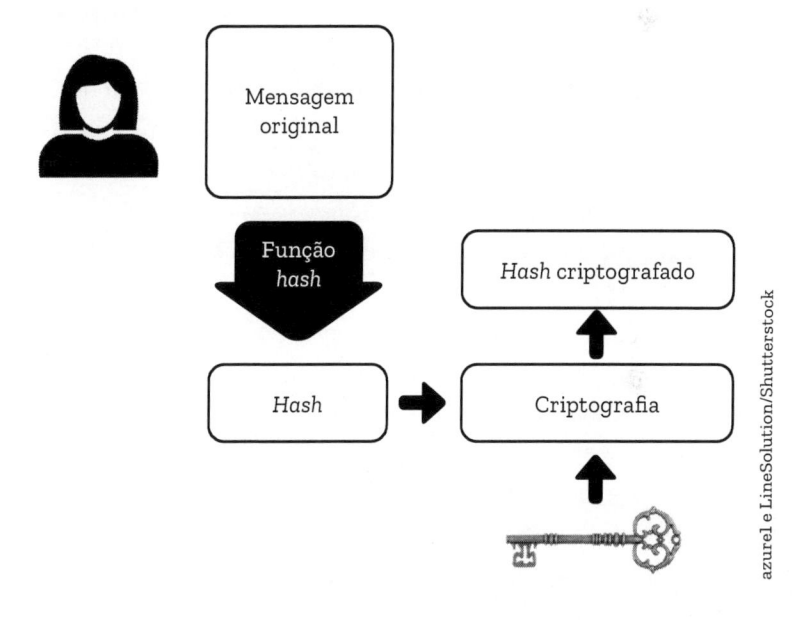

Na sequência, ela pode enviar a mensagem original para Pedro junto com o *hash*, devidamente criptografado. Caso um *hacker* intercepte a mensagem e o *hash* enviados por Maria, qualquer alteração na mensagem invalidaria o *hash* criptografado. Se o atacante quisesse gerar um *hash* da mensagem adulterada, ele precisaria, para criptografar o *hash*, da chave utilizada por Maria, que somente ela conhece (chave privada).

Depois de receber a mensagem de Maria junto com o *hash* criptografado, Pedro gera o *hash* da mensagem recebida, o qual deve ser exatamente igual ao gerado por Maria na etapa inicial, a partir da mensagem original.

Contudo, nesse ponto do processo, não há como Pedro ter certeza de que a mensagem recebida é, de fato, a original enviada por Maria, ou se é uma mensagem adulterada por um *hacker*.

A próxima etapa, a ser executada por Pedro, é a descriptografia do *hash* enviado com a mensagem, o que deve ser feito utilizando a chave pública de Maria – ele pode ter recebido essa chave previamente, mas também solicitá-la após receber a mensagem. Logo, com a chave pública de Maria, Pedro pode descriptografar o *hash* recebido e compará-lo com o *hash* que ele gerou com base na mensagem recebida.

Caso o *hash* gerado por Pedro e o *hash* obtido com a descriptografia do *hash* recebido sejam idênticos, ele poderá atestar a autenticidade e a integridade da mensagem. Em outras palavras, ele terá a certeza de que a mensagem foi realmente enviada por Maria e de que não houve qualquer alteração no conteúdo original (Figura 6.10).

Figura 6.10 – Recepção de mensagem com assinatura digital

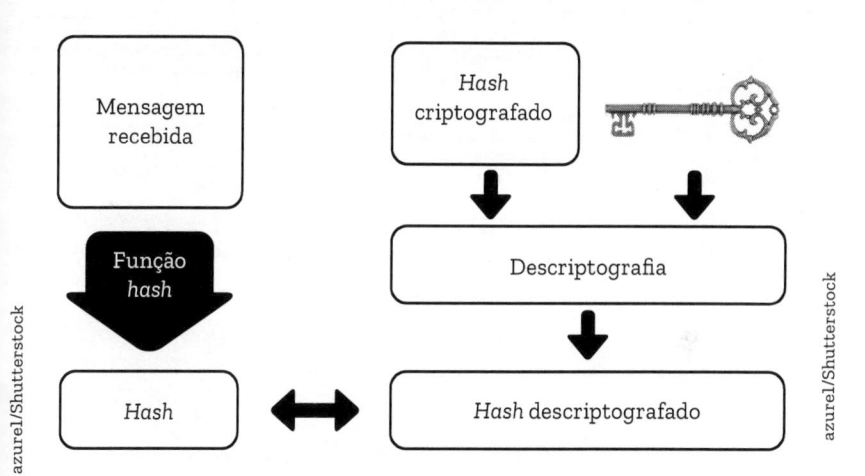

```
┌─────────────┐         ┌──────────────┐
│  Mensagem   │         │    Hash      │  🗝
│  recebida   │         │ criptografado│
└─────────────┘         └──────────────┘
       │                       │
       ▼                       ▼
   Função              ┌──────────────────┐
    hash               │  Descriptografia │
                       └──────────────────┘
                                │
                                ▼
┌─────────────┐         ┌──────────────────┐
│    Hash     │  ◄────► │ Hash descriptografado │
└─────────────┘         └──────────────────┘
```

Se a mensagem tiver sido capturada e alterada, o *hash* gerado pela mensagem adulterada não corresponderá ao *hash* gerado por Maria, que será descriptografado por Pedro com a chave pública dela.

Por fim, caso o *hacker* tenha alterado a mensagem, gerado e criptografado um novo *hash*, quando Pedro realizar a descriptografia do *hash* utilizando a chave pública de Maria, o resultado será diferente. Isso porque, para que o *hash* corresponda ao conteúdo da mensagem, ele teria de ser criptografado com a chave privada de Maria, a qual o *hacker* não possui.

Esse exemplo envolve somente a criptografia do *hash*, mas também seria possível criptografar a mensagem inteira. Todavia, tal procedimento não garantiria a confidencialidade da mensagem, uma vez que, para descriptografá-la, bastaria obter a chave pública de Maria, que pode ser coletada com certa facilidade. Assim, fazendo-se passar por um usuário legítimo, o *hacker* poderia interceptar a mensagem e solicitar a chave pública dela, para, então, descriptografar a mensagem.

Sendo assim, podemos considerar que o *hash* criptografado com as chaves públicas e privadas funciona como uma assinatura digital do documento. Isso porque a geração do *hash* correto e criptografado só pode ser realizada por quem possui a chave privada correspondente, a qual é exclusiva do remetente.

Com isso, concluímos que o processo para a geração do *hash* criptografado atende às quatro propriedades essenciais de uma assinatura digital, as quais expusemos anteriormente, e que julgamos ser pertinente mencionar novamente:

1. **Autenticidade**: A assinatura pode ser gerada apenas pelo autor da mensagem, que possui a chave privada utilizada para gerar o *hash* criptografado.
2. **Integridade**: O *hash* criptografado assegura que a mensagem recebida não sofra alterações. Caso contrário, o *hash* gerado pela mensagem recebida não corresponderá ao *hash* descriptografado.
3. **Não replicação**: Cada mensagem gera um *hash* distinto, de modo que o *hash* criptografado será válido apenas para a mensagem para a qual foi gerado, não sendo aplicável a qualquer outra mensagem.
4. **Não repúdio**: Como o *hash* recebido com a mensagem só pode ser descriptografado com a chave pública do remetente, isso garante que a chave privada que gerou o *hash* seja a do remetente, tornando impossível alegar que a mensagem não foi enviada por ele.

As assinaturas digitais são amplamente utilizadas para atestar e validar a integridade de *softwares*, especialmente quando baixamos um programa diretamente do *site* do fornecedor, assegurando sua autenticidade. Nesse caso, é necessário fazer o *download* de três componentes distintos: o *software*, a assinatura digital desse arquivo (o *hash* criptografado) e a chave pública, a qual será usada para descriptografar e validar o *hash*. Por isso, é fundamental validar a assinatura digital antes de instalar o programa, a fim de evitar problemas durante a instalação caso o arquivo tenha sido corrompido, ou, ainda, impedir a instalação de um programa não original por meio da validação do *hash* com a chave pública do fornecedor ou desenvolvedor do *software*.

Para gerar as assinaturas digitais, podemos utilizar algoritmos como o *digital signature algorithm* (DSA) e o *elliptic curve digital signature algorithm* (ECDSA), além do RSA. Todos são baseados na criptografia assimétrica e utilizam chaves públicas para a geração e a verificação das assinaturas digitais (Santos; Stuppi, 2015).

Um dos primeiros algoritmos empregados para a assinatura digital, e que segue bastante comum, é o RSA. Criado em 1977, por Ron Rivest, Adi Shamir e Leonard Adleman, esse algoritmo, inicialmente, seria utilizado somente na criptografia de dados. Uma vantagem do RSA refere-se ao fato de que ele pode ser usado tanto para criptografar o conteúdo da mensagem quanto para gerar as assinaturas digitais. Ele emprega a chave pública para a criptografia e a chave privada para a descriptografia.

Uma aplicação típica do RSA se dá quando enviamos dados para um *site*. Nesse caso, o navegador do usuário criptografa as informações a serem enviadas aplicando a chave pública da página. Se tais dados forem interceptados por um *hacker*, ele não terá acesso ao conteúdo da mensagem, já que, para descriptografá-la, ele precisaria da chave privada. Contudo, a chave disponibilizada pelo *site* é apenas a chave pública, e não a chave privada.

Outro algoritmo utilizado para assinaturas digitais é o DSA, publicado pelo Nist em 1991, com o objetivo de gerar assinaturas digitais sem criptografar os dados. Esse algoritmo gera uma assinatura digital composta por dois valores de 160 *bits*, derivados do *hash* da mensagem e da chave privada. Assim, o DSA usa a chave privada para gerar a assinatura digital e a chave pública para verificar a assinatura, garantindo o não repúdio, além de validar a autenticidade e a integridade da mensagem.

Quanto ao processamento, na comparação entre o DSA e o RSA, o primeiro se revela mais rápido, já que se ocupa somente da geração da assinatura digital, sem a necessidade de criptografar a mensagem.

No entanto, caso seja necessário criptografar também as mensagens, além de gerar a assinatura digital, o algoritmo RSA é mais eficiente.

O ECDSA é um algoritmo mais recente e que vem gradualmente substituindo o RSA. Uma de suas principais vantagens é oferecer o mesmo nível de segurança de outros algoritmos de assinatura digital, porém, mediante o uso de chaves de menor comprimento. Assim, a demanda de processamento dos dispositivos do usuário é reduzida, mas o nível de segurança é mantido.

Hoje em dia, com o aumento da capacidade de processamento, especialmente nos equipamentos utilizados pelos *hackers*, faz-se necessário aprimorar a segurança do processo de criptografia para dificultar a quebra de senhas. Isso pode ser feito por meio de chaves de criptografia mais complexas e com maior comprimento, o que prolonga o tempo necessário para que ataques de força bruta ou de dicionário sejam bem-sucedidos.

Outra forma de aumentar a segurança no processo de comunicação de dados diz respeito à utilização de algoritmos de geração de assinatura digital mais eficientes. Com isso, é possível ampliar o tamanho das chaves sem exigir um aumento significativo na capacidade de processamento dos equipamentos usados para a criptografia e a geração das assinaturas digitais.

Além disso, as assinaturas digitais também devem ser aplicadas nos processos de investigação forense (Araújo, 2020), com o objetivo de assegurar a autenticidade e a integridade dos documentos gerados, por meio do registro do processo de análise e investigação, das etapas realizadas e dos procedimentos adotados. Ainda, as assinaturas digitais devem ser usadas para assinar os arquivos de prova gerados, atestando a legitimidade de todo o material de investigação.

6.5 Certificado digital

Para garantir a segurança dos dados digitais, especialmente durante transmissões pela internet, podemos utilizar o **certificado digital**, que permite realizar a autenticação de usuários ou instituições. Ele funciona como um documento eletrônico de identificação e assegura que o envio de mensagens pela internet ocorra com segurança.

Além dessa autenticação, que valida a identidade de usuários e organizações, também é possível implementar a confidencialidade dos dados, inserindo o certificado digital no processo de criptografia das mensagens.

Os elementos (ou informações) básicos que encontramos em um certificado digital, semelhante a um documento de identidade, são estes:

- identificação do indivíduo;
- emissor do certificado;
- validade do certificado.

No entanto, o emprego dos certificados digitais incorre na adição de um elemento no processo de validação, diante da necessidade de confirmar a autenticidade com o emissor do certificado, conhecido como *autoridade certificadora* (AC). Essa validação é fundamental para assegurar que o certificado seja realmente válido.

O elemento adicional envolvido no processo de autenticação corresponde a uma **instituição de credibilidade pública**, assim como as entidades que emitem documentos de identificação física, tais como passaportes, documentos de identidade, carteiras de motorista, registros profissionais, entre outros.

A participação da AC no processo de validação do certificado digital fica evidente quando, ao acessar um *site*, o navegador exibe uma mensagem indicando que o certificado está expirado ou não pode ser validado. Nesses casos, isso pode significar que a data de validade do certificado expirou, ou que a AC – identificada no próprio certificado como a emissora – não o reconhece ou não pode ser contatada.

Para entender melhor o processo de comunicação com o uso do certificado digital, vamos novamente trazer um exemplo hipotético.

Pedro deseja realizar uma compra no *site* de Maria, e a transação será protegida pelo certificado digital, garantindo a segurança da operação.

Assim, ao acessar a página, ele poderá ter certeza de estar em uma conexão segura caso observe o símbolo de um cadeado fechado na parte superior do navegador (Figura 6.11). Esse símbolo, que atualmente é exibido pela maioria dos *sites*, é especialmente comum em páginas oficiais de bancos ou em portais de comércio eletrônico.

Figura 6.11 – Ícone de acesso seguro

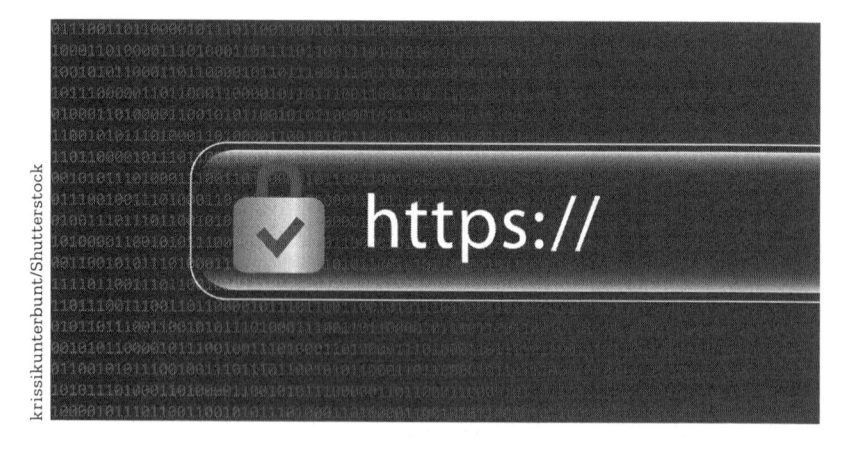

Assim que o computador de Pedro estabelecer uma conexão com o *site* de Maria, a página comprovará sua autenticidade enviando seu certificado digital, que será recebido pelo navegador de Pedro, conforme ilustra a Figura 6.12.

Figura 6.12 – Envio do certificado digital

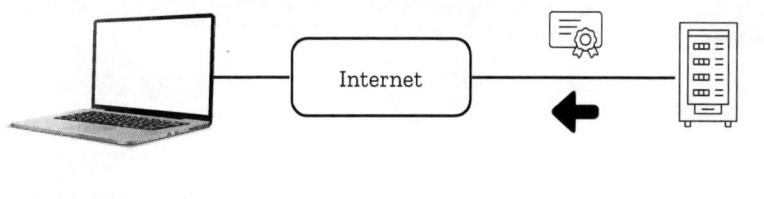

Depois de receber o certificado do *site* de Maria, a próxima etapa será validá-lo (Figura 6.13), garantindo a autenticidade do *site*. Somente depois dessa validação Pedro poderá prosseguir com o processo de compra, tendo a certeza de que está acessando uma página legítima.

Porém, caso o certificado digital recebido não seja válido, o navegador de Pedro exibirá uma mensagem informando sobre o erro. Nesse caso, ele deverá encerrar a conexão, pois a falta de validade do certificado indica que o *site* pode não ser legítimo, configurando uma possível tentativa de *phishing*.

Figura 6.13 – Validação do certificado digital

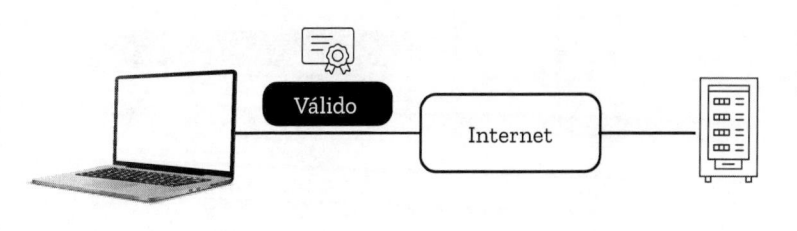

Mesmo com o uso de certificados digitais para garantir a autenticidade dos *sites*, não podemos esquecer uma das recomendações básicas

de segurança: sempre verificar o nome da página que estamos acessando. Caso contrário, poderemos acabar acessando um *site* falso, de nome muito semelhante ao original e cujo certificado, embora válido, está associado ao *site* falso, e não ao verdadeiro. Essa é uma das táticas mais comuns em ataques de *phishing*, em que o *hacker* envia um e-mail com um *link* para um *site* com um nome quase idêntico ao da página legítima e cujo conteúdo pode ser uma cópia exata do original.

Voltando ao processo de compra que Pedro está realizando no *site* de Maria, após validar o certificado digital, ele terá certeza de que está acessando a página autêntica. A próxima etapa, então, será a autenticação de Pedro no *site* de Maria, o que ocorrerá com o envio de suas credenciais, conforme o cadastro realizado anteriormente.

Para garantir a segurança desse tráfego, que envolve dados sensíveis, as mensagens serão criptografadas com a chave pública de Maria, recebida junto com o certificado digital. O mesmo acontecerá com as informações que Pedro enviou para o *site*. Assim, apenas ela, com sua chave privada, poderá descriptografar os dados recebidos. Esse processo assegura a confidencialidade das mensagens e informações trocadas entre Pedro e a página.

Figura 6.14 – Criptografia com certificado digital

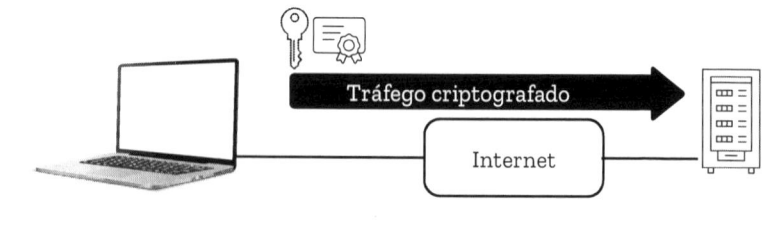

Desse modo, caso um *hacker* capture as informações enviadas por Pedro, as quais estão criptografadas, todos os dados estarão seguros, pois o *hacker* precisaria da chave privada de Maria para realizar a descriptografia. No entanto, essa chave não é divulgada pelo *site*, apenas a chave pública.

Contudo, além de garantir a confidencialidade dos dados, também precisamos assegurar a autenticidade do certificado digital. Ou seja, devemos estar certos de que o certificado recebido é realmente válido.

Para isso, entra em cena o terceiro elemento ao qual nos referimos anteriormente: a autoridade certificadora (AC), isto é, a instituição responsável por emitir e validar certificados digitais.

A AC opera de maneira semelhante a um "cartório", que valida documentos físicos. No nosso exemplo, após receber o certificado digital do *site* de Maria, o navegador de Pedro fará uma consulta à AC que emitiu o certificado, a fim de validar a autenticidade deste.

Atualmente, a maioria dos *sites* da internet utiliza certificados digitais para garantir uma navegação segura, comprovando sua autenticidade e fornecendo sua chave pública. E é com essa chave que Pedro poderá criptografar as informações enviadas para a página de Maria. Porém, como acabamos de mencionar, é necessário contar com a validação da AC para atestar que o certificado digital recebido seja genuíno.

Antes de emitir um certificado digital, a AC conduz uma investigação detalhada acerca dos dados do solicitante. Esse processo é similar ao procedimento de emissão de um documento de identidade, no qual são exigidos vários documentos e, muitas vezes, também a presença física do solicitante.

No Brasil, há uma hierarquia de ACs, liderada pelo Instituto Nacional de Tecnologia da Informação (ITI), autarquia federal que opera como autoridade certificadora raiz (AC-Raiz), isto é, trata-se da AC responsável por autorizar as demais a operarem. Além disso, o ITI define as políticas da Infraestrutura de Chaves Públicas Brasileira (ICP-Brasil), regulando como as chaves públicas serão gerenciadas e distribuídas.

Na hierarquia das ACs no Brasil, abaixo do ITI estão as ACs de 1º e 2º níveis, que incluem tanto instituições públicas quanto privadas.

Entre elas, citamos as seguintes (todas de 1º nível credenciadas pela ICP-Brasil):

- **Serviço Federal de Processamento de Dados (Serpro)**: Empresa pública federal que foi a primeira AC de 1º nível credenciada pela ICP-Brasil.
- **Caixa Econômica Federal (CEF)**: Única instituição financeira credenciada como AC no Brasil.
- **Serasa Experian**: Instituição privada que atua com foco no segmento financeiro, atendendo às empresas que fazem parte do Sistema de Pagamentos Brasileiro (SPB).
- **Receita Federal**: Instituição federal com foco no atendimento aos contribuintes, pois a utilização dos certificados digitais traz mais segurança para a troca de informações relacionadas às obrigações tributárias.
- **Certisign**: Empresa privada que emite certificados digitais para todo o mercado e fornece soluções tecnológicas, para que as empresas possam implementar os sistemas de certificação.

Portanto, para determinar se um *site* é realmente confiável, é essencial verificar a validade do certificado digital que ele fornece. Tal processo é realizado automaticamente pelos navegadores e por outros aplicativos e envolve três etapas:

V. **Descoberta do certificado**: O navegador identifica toda a cadeia de certificação, começando pelo *site* que enviou o certificado, passando pela AC que o emitiu e chegando à AC-Raiz. Essa cadeia pode incluir ACs intermediárias entre a emissora e a raiz.

VI. **Validação do caminho**: O navegador verifica a autenticidade de cada certificado na cadeia de certificação, validando o certificado da AC que emitiu cada um deles.

VII. **Revogação**: O navegador também analisa se algum dos certificados na cadeia foi revogado. Em caso positivo, faz-se necessário investigar o motivo da revogação e assegurar que não haja problemas com a confiança do certificado.

Um dos motivos para a revogação de um certificado digital pode ser a solicitação de cancelamento feita pelo próprio proprietário do certificado. Por exemplo, um usuário que não tenha mais necessidade de ser proprietário de um certificado digital pode optar por revogá-lo como medida de segurança, evitando seu uso indevido.

Para a validação de um certificado digital, é possível que várias ACs estejam envolvidas. Isso porque o certificado pode ser emitido por uma AC privada, entre as muitas que existem no mercado atualmente. Nesse contexto, o certificado pode fazer parte de uma cadeia de certificados, composta por diversas ACs, até chegar à AC-Raiz.

Essa cadeia de certificação forma o que é chamado de **cadeia de confiança**, sendo que cada AC que compõe a cadeia possui seu próprio certificado digital, conforme ilustrado na Figura 6.15, a seguir.

Figura 6.15 – Cadeia de certificados

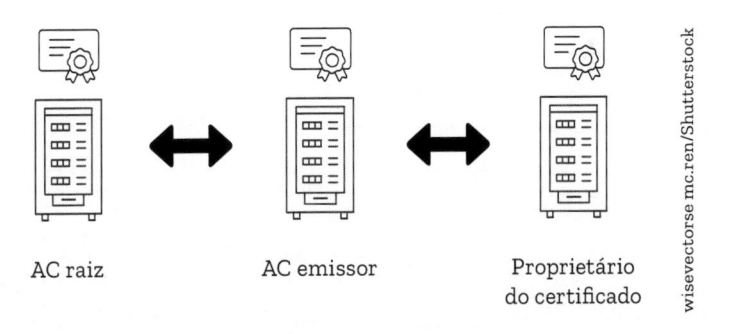

AC raiz ↔ AC emissor ↔ Proprietário do certificado

wisevectorse mc.ren/Shutterstock

Na prática, é muito comum encontrarmos ao menos dois níveis de ACs, pois as entidades certificadoras de 1º nível têm como foco principal o atendimento às demais ACs, as quais, efetivamente, são responsáveis por atender diretamente às empresas e aos usuários em geral.

Para saber mais

GOVERNO FEDERAL. **Obter certificado digital**. 5 abr. 2024. Disponível em: <https://www.gov.br/pt-br/servicos/obter-certificacao-digital>. Acesso em: 22 nov. 2024.

Existem várias autoridades certificadoras que possibilitam obtermos um certificado digital, inclusive o próprio governo federal. Ao selecionarmos esse serviço no *link* indicado, somos levados à página do Serviço Federal de Processamento de Dados (Serpro), uma das autoridades certificadoras listadas neste capítulo.

ITI – Instituto Nacional de Tecnologia da Informação. Disponível em: <https://www.gov.br/iti/pt-br>. Acesso em: 22 nov. 2024.

Na página oficial do Instituto Nacional de Tecnologia da Informação (ITI), podemos encontrar informações sobre a Carteira de Identidade Nacional em sua versão digital, o Certificado Digital ICP-Brasil e a Assinatura Eletrônica Avançada.

ROHLING, L. J. **Segurança de redes de computadores**. Curitiba: Contentus, 2020.

Saiba mais sobre o cenário de aplicação da segurança nas comunicações por meio da internet fazendo a leitura do livro *Segurança de redes de computadores*, que trata do processo de comunicação em redes de dados e apresenta os conceitos de redes LAN, WAN e, principalmente, das conexões VPN, muito utilizadas atualmente.

STALLINGS, W. **Criptografia e segurança de redes**: princípios e práticas. 4. ed. São Paulo: Pearson, 2008.

No livro de Stallings, além de nos aprofundarmos nas técnicas e nos algoritmos de criptografia, também encontramos os processos de gerenciamento de chaves, que correspondem a um ponto crítico dos processos de criptografia, assim como o detalhamento dos algoritmos de chaves simétricas DES e AES e do algoritmo RSA, de chaves públicas e privadas.

Síntese

Neste último capítulo, tratamos dos mecanismos usados na codificação de informações, os quais empregam algoritmos de criptografia e descriptografia, com o objetivo de assegurar a confidencialidade dos dados.

Entretanto, esse contexto pode representar um obstáculo para a investigação de dados digitais armazenados nas mídias sob investigação. Isso ocorre porque, caso eles estejam criptografados, será necessário dispor das chaves de descriptografia para decodificá-los.

Por outro lado, é fundamental fazer uso desses mecanismos de criptografia, especialmente em se tratando da transmissão de informações sensíveis pela internet.

Além disso, para asseverar a autenticidade dos documentos digitais, que certamente farão parte do processo jurídico relativo à perícia digital, existem os mecanismos de assinatura digital, que podem ser utilizados, inclusive, para garantir a integridade das provas digitais, quando associados aos mecanismos de *hash*.

Questões para revisão

1. Um dos primeiros métodos de codificação de mensagens, usado há muitos séculos, foi a transposição de letras. Qual foi o primeiro dispositivo utilizado para essa codificação?

2. O algoritmo DES realiza a divisão da mensagem original em blocos de 64 *bits*, sendo que um dos métodos pelo DES diz respeito ao ECB, que faz a criptografia de cada bloco utilizando a chave de 56 *bits*. De acordo com o que você aprendeu neste capítulo, qual é a fragilidade desse método?

    a) Os blocos não podem ser criptografados com chaves com mais de 64 *bits*, pois estão limitados a um tamanho de 64 *bits*.

    b) O algoritmo DES gera blocos criptografados sempre com a mesma chave, a qual, sendo predefinida, não pode ser trocada.

c) A chave de 56 *bits* deveria ser utilizada em blocos com tamanho menor do que 56 *bits*, para aumentar a segurança do processo de criptografia.

d) Dois blocos originais iguais geram dois blocos criptografados iguais, facilitando o processo de quebra da criptografia.

3. Uma evolução do algoritmo de criptografia simétrica DES é o algoritmo 3DES, considerado 256 vezes mais forte do que o algoritmo DES e que também opera com blocos de 64 *bits*, mas utiliza um algoritmo mais complexo, o que aumenta sua segurança. A esse respeito, assinale a alternativa que indica qual é a principal diferença do 3DES em relação ao DES:

a) A utilização da mesma chave criptográfica, porém, realizando três operações diferentes de codificação dos dados.

b) A realização de três operações de criptografia e de descriptografia, dificultando a ocorrência de um ataque de força bruta.

c) A utilização de três chaves criptográficas no odelo de cifragem de blocos ECB, igual ao processo do DES.

d) A troca de três chaves entre o transmissor e o receptor, por meio de três processos de codificação e de troca de mensagens.

4. Um dos requisitos de uma assinatura digital é o chamado *não repúdio*. Como esse requisito é garantido com a geração de um *hash* criptografado utilizando as chaves assimétricas?

5. Os elementos básicos, ou informações básicas, presentes em um certificado digital são a identificação do indivíduo, o emissor do certificado e a validade do certificado. Assim, além do proprietário, que enviou o certificado digital, e do destinatário, que o utilizará para validar a autenticidade das mensagens, existe um terceiro elemento. A esse respeito, assinale a alternativa que indica que elemento é esse:

a) O Instituto Nacional de Tecnologia da Informação (ITI), responsável por todos os certificados digitais emitidos no Brasil.

b) O proprietário do servidor no qual o *site* que emitiu o certificado está instalado, validando a origem do tráfego.

c) A autoridade certificadora que emitiu o certificado e que será consultada para a validação do certificado digital recebido.

d) O provedor do serviço de acesso à internet do destinatário das mensagens, que deverá validar o certificado digital recebido pelo cliente.

Questões para reflexão

1. Em relação à utilização das chaves, existem dois tipos de criptografia, a simétrica e a assimétrica, sendo que esta última é considerada mais eficiente. A esse respeito, de que modo podemos, efetivamente, justificar essa maior eficiência?

2. O algoritmo de criptografia simétrica mais atual é o AES (*Advanced Encryption Standard*). No entanto, uma justificativa usual para a não adoção de novas tecnologias diz respeito à necessidade de maiores capacidades de processamento. Sobre o exposto, considerando o caso do AES, tal justificativa seria válida?

3. Os certificados digitais podem ser utilizados para garantir a autenticidade de dados e mensagens e também para o processo na criptografia dos dados. Acerca disso, como podemos obter essa segurança adicional com um certificado digital?

considerações finais

Ao longo deste livro, abordamos diversas tecnologias, ferramentas e processos que, como peritos forenses digitais, devemos dominar para realizar um trabalho profissional de qualidade.

Em relação às tecnologias, assim como ocorre com todos os profissionais que atuam nos muitos segmentos da Tecnologia da Informação e da Comunicação, temos o dever de nos mantermos atualizados, pois as tecnologias estão em constante evolução.

Quanto às ferramentas, focamos nos resultados almejados com sua utilização. Considerando que existe uma grande variedade de soluções de mercado, incluindo os *kits* de *hardware*, faz-se necessário saber quais são os objetivos esperados, ou seja, o que tais ferramentas deverão fornecer em uma análise de evidências digitais, que serão as provas de um crime. Assim, com o devido conhecimento das tarefas que os *softwares* forenses terão de executar, poderemos escolher as ferramentas mais adequadas para cada cenário de investigação forense digital.

Por fim, é fundamental seguirmos rigorosamente os processos de análise e investigação recomendados, uma vez que eles deverão ser aceitos em um tribunal. Nessa perspectiva, é importante sempre verificarmos se os procedimentos que estamos adotando em uma análise de mídias, por exemplo, estão em conformidade com o padrão de mercado, evitando, inclusive, a invalidação do conjunto de provas em virtude da realização de um procedimento que poderá prejudicar a integridade delas.

Diante do exposto, ao adotarmos os procedimentos corretos e utilizarmos ferramentas eficientes, certamente faremos um trabalho de excelência na investigação e análise forense das multimídias.

lista de siglas

3DES	Triple data encryption standard
AC	Autoridade certificadora
ACL	Access control list (Lista de controle de acesso)
AC-Raiz	Autoridade certificadora raiz
AES	Advanced encryption standard
ANSI	American National Standards Institute
APFS	Apple File System
ATA	Advanced Technology Attachment
BIOS	Basic Input/Output System (Sistema Integrado de Entrada e Saída)
Bit	Binary digit
BMP	bitmap
bpp	Bits per pixel
Byte	Byte: Binary term
CAD	Computer-Aided Design
CBC	Cipher block chaining
CD	Compact disc
CDFS	Compact disc file system
CD-R	Compact disc-recordable
CD-ROM	Compact disc-read only memory
CD-RW	Compact disc-read and write
CEF	Caixa Econômica Federal
CEH	Certified Ethical Hacker
CF	Compact Flash
CFTT	Computer Forensic Tool Testing
CGM	Computer Graphics Metafile
CHFI	Computer Hacking Forensics Investigator

CNSS	Committee on National Security Systems (Comitê de Sistemas de Segurança Nacional)
CPU	*Central Processing Unit*
DES	*Data encryption standard*
DFE	*Digital Forensics Essentials*
DH	*Diffie-Hellman*
dpp	*Dots per inch*
DSA	*Digital Signature Algorithm*
DVD	*Digital versatile disc* ou *digital video disc*
EB	*Exabyte*
ECB	*Electronic Code Book*
EC-Council	International Council of E-Commerce Consultants
ECDSA	*Elliptic Curve Digital Signature Algorithm*
ECSA	*EC-Council Certified Security Analyst*
EFS	*Encrypting File System*
EHE	*Ethical Hacking Essentials*
EIDE	*Enhanced Integrated Drive Electronics*
EMF	*Enhanced Metafile*
EMP	*Electro-magnetic pulse* (Pulso eletromagnético)
EPROM	*Erasable Programmable Read-Only Memory*
EPS	*Encapsulated PostScript*
FAT	*File Allocation Table*
FBI	Federal Bureau of Investigation
FC-AL	*Fibre Channel Arbitrated Loop*
FRP	*First Response Procedure*
fsck	Filesystem Check
GB	*Gigabyte*
GIF	Graphics Interchange Format
HD	*Hard Disk*
HDD	*Hard Disk Drive*

HD-DVD	*High Definition Digital Versatile Disc*
HDTV	*High-definition television*
HFS	*Hierarchical File System*
HMAC	*Hash Message Authentication Code*
IBM	International Business Machines Corporation
ICP-Brasil	Infraestrutura de Chaves Públicas Brasileira
IDE	*Integrated Drive Electronics*
Inpi	Instituto Nacional da Propriedade Industrial
IoT	*Internet of Things*
ITI	Instituto Nacional de Tecnologia da Informação
JPEG	Joint Photographic Experts Group
KB	*Kilobyte*
KHMAC	*Keyed-Hash Message Authentication Code*
LAN	*Local Area Network*
LDA	Lei de Direitos Autorais
LGPD	Lei Geral de Proteção de Dados Pessoais
LLF	*Low-Level Formatting*
LPT	License Penetration Tester
MB	*Megabyte*
MBR	*Master Boot Record*
MD5	*Message Digest 5*
MFS	*Macintosh File System*
MFT	*Master File Table*
MGIB	Montgomery GI Bill
MIME	*Multipurpose internet mail extensions*
MMC	*MultiMediaCard*
MNG	*Multiple Image Network Graphics*
MS	*Memory Stick*
MS-DOS	*MicroSoft Disk Operating System*
NAS	*Network Attached Storage*

NDE	*Network Defense Essentials*
Nist	National Institute of Standards and Technology
NSA	Agência de Segurança Nacional
NTFS	*New Technology File System*
Osta	Optical Storage Technology Association
P2P	*Peer-to-peer*
PB	*Petabyte*
PC	*Personal computer*
PNG	Portable Network Graphics
PSK	*Pre-Shared Key*
RAID	*Redundant Array of Independent Disk*
RFID	*Radio Frequency Identification*
RGB	*Red, green, blue*
RPM	Rotações por minuto
RRIP	Rock Ridge Interchange Protocol
RSA	Rivest-Shamir-Adleman
SAN	*Storage Area Network*
SATA	*Serial Ata*
SCSI	*Small Computer System Interface*
SD	*Secure Digital*
Serpro	Serviço Federal de Processamento de Dados
SHA	*Secure Hash Algorithm*
SM	*SmartMedia*
SPB	Sistema de Pagamentos Brasileiro
SSD	*Solid State Drive*
SVG	*Scalable Vector Graphics*
TB	*Terabyte*
TIFF	Tagged Image File Format
UDF	*Universal Disk Format*

USB	*Universal Serial Bus*
UV	Ultravioleta
VFS	*Virtual File System*
VHS	*Video Home System*
VoIP	Voz sobre IP
WAF	*Web Application Firewall*
WAN	*Wide Area Network*
WMF	*Windows Metafile Format*
XML	*Extensible Markup Language*
YB	*Yottabyte*
ZB	*Zettabyte*

referências

AGRA, A. D.; BARBOZA, F. F. M. **Segurança de sistemas de informação**. Porto Alegre: Sagah, 2018.

ARAÚJO, S. **Computação forense**. Curitiba: Contentus, 2020. [E-book].

BARRETO, A. G.; BRASIL, B. S. **Manual de investigação cibernética**: à luz do Marco Civil da Internet. Rio de Janeiro: Brasport, 2016. [E-book].

BRASIL. Lei n. 9.610, de 19 de fevereiro de 1998. **Diário Oficial da União**, Poder Legislativo, Brasília, DF, 20 fev. 1998. Disponível em: <https://www.planalto.gov.br/ccivil_03/leis/l9610.htm>. Acesso em: 9 dez. 2024.

BRASIL. Lei n. 13.709, de 14 de agosto de 2018. **Diário Oficial da União**, Poder Legislativo, Brasília, DF, 15 ago. 2018. Disponível em: <https://www.planalto.gov.br/ccivil_03/_ato2015-2018/2018/lei/l13709.htm>. Acesso em: 9 dez. 2024.

DELL. Disponível em: <www.dell.com>. Acesso em: 22 nov. 2024.

EC-COUNCIL. Disponível em: <https://www.eccouncil.org>. Acesso em: 23 nov. 2024.

FRAGA, B. **Técnicas de invasão**: aprenda as técnicas usadas por hackers em invasões reais. São Paulo: Labrador, 2019. [E-book].

FRIDIRICH, J. **Steganography in Digital Media**: Principles, Algorithms, and Applications. Cambridge: Cambridge University Press, 2009.

GALVÃO, M. C. (Org.). **Fundamentos em segurança da informação**. São Paulo: Pearson, 2015. [E-book].

GONZALEZ, R. C.; WOODS, R. E. **Processamento de imagens digitais**. São Paulo: Blucher, 2000. [E-book].

GOVERNO FEDERAL. **Obter certificado digital**. 5 abr. 2024. Disponível em: <https://www.gov.br/pt-br/servicos/obter-certificacao-digital>. Acesso em: 22 nov. 2024.

ITI – Instituto Nacional de Tecnologia da Informação. Disponível em: <https://www.gov.br/iti/pt-br>. Acesso em: 22 nov. 2024.

KLEIMAN, D. **The Official CHFI Study Guide (Exam 312-49) for Computer Hacking Forensic Investigators.** Amsterdam: Elsevier, 2007.

LINUX. Disponível em: <https://www.linux.org>. Acesso em: 23 nov. 2024.

MASSUDA, T. Y. C. **Polícia científica**: investigação criminal (CSI). Curitiba: Contentus, 2020.

MICROSOFT. Disponível em: <https://www.microsoft.com/pt-br>. Acesso em: 23 nov. 2024.

NIST – National Institute of Standards and Technology. **Computador Forensic Tool Testing Program (CFTT)**. Disponível em: <www.cftt.nist.gov>. Acesso em: 24 nov. 2024.

ROHLING, L. J. **Segurança de redes de computadores.** Curitiba: Contentus, 2020. [E-book].

SANTOS, O.; STUPPI, J. **CCNA Security 210-260**: Official Cert Guide. Indianapolis: Cisco Press, 2015. Disponível em: <https://community.cisco.com/legacyfs/online/ccna_security_chapter_18_9781587205668_.pdf>. Acesso em: 24 dez. 2024.

SILVA, M. B. F. **Cibersegurança**: uma visão panorâmica sobre a segurança da informação na internet. Rio de Janeiro: Freitas Bastos, 2023. [E-book].

STALLINGS, W. **Criptografia e segurança de redes**: princípios e práticas. Tradução de Daniel Vieira. 4. ed. São Paulo: Pearson, 2008. [E-book].

TANENBAUM, A. S.; AUSTIN, T. **Organização estruturada de computadores.** Tradução de Daniel Vieira. 6. ed. São Paulo: Pearson, 2013. [E-book].

THE HONEYNET PROJECT. **Conheça o seu inimigo**: revelando as ferramentas de segurança, táticas e motivos da comunidade hacker. Tradução de Kátia Aparecida Roque. São Paulo: Pearson, 2002. [E-book].

respostas

Capítulo 1
Questões para revisão
1. Não há obrigatoriedade de qualquer certificação. Porém, além da formação em curso específico da área de perícia judicial, para aumentar o reconhecimento pelo mercado, as certificações certamente são um grande diferencial.
2. a. O investigador forense sempre deve seguir um procedimento investigativo estruturado, para que realmente seja capaz de determinar a natureza e os eventos relativos a um crime cibernético e localizar o seu autor.
3. b. Os dois requisitos que devem ser atendidos são a autenticidade, para garantir a origem legítima das provas, e a confiabilidade, para assegurar a confiabilidade das evidências.
4. b. O EC-Council (*International Council of E-Commerce Consultants*) é uma organização mundialmente reconhecida que certifica os profissionais em várias atividades voltadas para o comércio eletrônico (*e-business*) e a segurança da informação.
5. O processo recomendado para a etapa de análise das evidências é a criação de uma cópia das evidências originais, procedendo-se ao exame das evidências duplicadas.

Questões para reflexão
1. Neste caso, será necessário solicitar a colaboração de outros órgãos, inclusive de polícia cibernética, e até mesmo de outros países, para trabalhar na identificação do autor do crime.
2. A escolha das ferramentas adequadas depende de diversos critérios, mesmo porque existem muitas opções no mercado, as quais estão sempre sendo aprimoradas. Assim, ao conduzir uma pesquisa sobre o que é comercializado, encontramos soluções de *software*

com os mais diversos custos, além de produtos como um *kit* de *hardware*, para investigações mais detalhadas. Portanto, a escolha ideal deve atender às necessidades do profissional de acordo com o seu escopo de atuação. Ou seja, alguém dedicado à computação forense certamente precisa possuir as ferramentas mais completas do mercado, incluindo *hardware* e *software*, a fim de se preparar para todos os cenários possíveis, o que representa um significativo investimento financeiro.
3. Em muitos contextos de investigação forense, encontramos evidências armazenadas em mídias mais antigas, a exemplo de um disco flexível. Logo,, na medida do possível, os recursos computacionais para a análise de evidências devem ser compatíveis com todas as tecnologias anteriores.

Capítulo 2
Questões para revisão
1. b. Os dispositivos de *hardware* de bloqueio de gravação, também conhecidos como *bloqueadores de gravação* ou *pontes forenses*, são componentes flexíveis, extremamente úteis e essenciais do *kit* de ferramentas forenses, sendo responsáveis por bloquear a gravação, intencional ou acidental, na mídia que está sendo examinada.
2. c. Para a atividade do perito digital, a ferramenta de duplicação de mídia é essencial, e entre as principais funções desses equipamentos estão o bloqueio de gravação da mídia de evidência original, a execução de um processo de duplicação de dados para a mídia secundária e a verificação da execução, correta e completa, do processo de duplicação.
3. Não existe obrigatoriedade de qualquer ferramenta de perícia digital. Contudo, após a seleção da(s) devida(s) ferramenta(s), é importante verificar se ela(s) atende(m) aos requisitos judiciais para o processamento de provas digitais. Para isso, o *site* do *National*

Institute of Standards and Technology (Nist) é uma das fontes de consulta mais indicadas.

4. d. Inicialmente, o padrão IDE (*Integrated Drive Electronics*) foi uma das interfaces mais utilizadas em HDDs. No caso, uma das extremidades do *flat cable* – um cabo fino e plano contendo fios paralelos – era inserida na interface do HDD, enquanto a outra era conectada ao controlador de unidade de disco ou à CPU. Além disso, os HDs possuíam um *jumper*, utilizado para configurar a operação do HD como mestre ou escravo.

5. A funcionalidade do padrão SCSI (*Small Computer System Interface*) se refere à possibilidade de receber diversos HDs encadeados em um barramento SCSI, aumentando a capacidade de armazenamento de um computador.

Questões para reflexão

1. Em um processo judicial, para que um processo de análise forense não seja questionado, existem diversos procedimentos a serem adotados. Porém, muitos desses processos dependem da garantia de que o *software* e o *hardware* utilizados atendam aos padrões forenses.

2. Neste capítulo, estudamos apenas a forma como os dados são distribuídos na mídia física dos discos. Todavia, para identificarmos efetivamente seu conteúdo, é necessário compreender de que modo os dados estão alocados nos setores dos discos. Ou seja, somente conhecemos a organização física das informações nos HDs, e não a organização lógica desses dados.

3. Muitos padrões de interface, embora considerados obsoletos, ainda podem ser encontrados em um sistema computacional que é foco da análise forense. Porém, como não existe compatibilidade entre tais padrões, o fato de contarmos com o padrão mais atual não nos garante o acesso aos dados em dispositivos com interfaces mais antigas. Isto é, provavelmente, não seria possível acessar tais informações sem um adaptador de *hardware* com o padrão de interface

do equipamento em análise, além de uma versão compatível do sistema operacional, caso o *software* de análise forense também não seja capaz de obter esse conteúdo.

Capítulo 3

Questões para revisão

1. Nas versões iniciais dos sistemas operacionais, havia uma limitação em relação aos nomes dos arquivos. No MS-DOS, por exemplo, o sistema FAT permitia que os arquivos fossem nomeados com apenas oito caracteres, sendo que um ponto separava o nome da extensão, que poderia ter até três caracteres. Assim, um documento poderia ser nomeado como "DOCUMENT.DOC", utilizando a notação conhecida como 8.3.
2. d. O FAT16 original era limitado a nomes de arquivos no formato 8.3. Para contornar essa restrição, foi introduzido o VFAT, um *driver* de sistema de arquivos que operava no modo protegido e que permitia nomes longos de arquivos, funcionando como o FAT16 e incorporando esse componente adicional.
3. b. O sistema de arquivos NTFS (*New Technology File System*) armazena dados sobre arquivos e usuários, bem como outras informações essenciais para o funcionamento do sistema, por meio de arquivos especiais que permanecem ocultos. Essa estruturação é conhecida como *metadados*. Quando realizamos a formatação de um disco utilizando o sistema NTFS, esses arquivos são criados e sua localização é registrada em um dos arquivos da *master file table* (MFT).
4. c. Para reduzir o desperdício de espaço, é necessário alocar um espaço extra para armazenar um arquivo. A esse respeito, é preferível que os *clusters* tenham tamanhos menores, já que, nesse caso, a quantidade de espaço não utilizado no *cluster* final será reduzida. Ou seja, além de diminuirmos o desperdício de espaço, aproveitamos o espaço em disco de forma mais eficiente.

5. Seria possível utilizar um disco de inicialização, que deve ser gerado em um sistema operacional compatível, permitindo assim a inicialização do computador e o acesso às unidades de disco rígido.

Questões para reflexão

1. Embora alguns sistemas de arquivos sejam considerados obsoletos, eventualmente precisaremos analisar um dispositivo de armazenamento formatado com esses sistemas mais antigos. Por isso, é necessário dispor de ferramentas de computação forense capazes de acessar tais sistemas.
2. Normalmente, os *clusters* perdidos são gerados pela falha do sistema operacional, que registra como ocupado um *cluster* que, na realidade, está vazio. Em geral, esses *clusters* não são significativos para uma investigação forense, já que não contêm dados reais.
3. O recurso de criptografia do NTFS (*New Technology File System*) pode representar um obstáculo no processo de análise forense. Isso porque, se o disco rígido alvo da investigação utilizar NTFS com criptografia, será necessário obter as credenciais do usuário que criou o arquivo para ter acesso aos dados.

Capítulo 4

Questões para revisão

1. Os disquetes inicialmente utilizados tinham um tamanho de 8 polegadas de diâmetro. Posteriormente, foram adotados os disquetes de 5,25 polegadas, que eram dispositivos finos e flexíveis. Mais tarde, surgiram os disquetes menores, de 3,5 polegadas, mais rígidos e menos frágeis.
2. d. Os CDs e DVDs são chamados de *mídias ópticas* porque as unidades de ambos empregam um feixe de *laser*, juntamente com um sensor optoeletrônico, para gravar e ler os dados. Essas informações são "queimadas" no material de revestimento, que consiste em um composto que, ao ser aquecido pelo *laser*, muda de reflexivo para não reflexivo.

3. a. Em relação à distribuição dos dados nos discos ópticos, como as informações são gravadas em espiral, com espaçamento linear, a espiral contém mais dados na borda externa do disco do que no centro deste. Por isso, a rotação do disco deve variar ao longo dos diferentes pontos da espiral.
4. b. Um *hub* USB pode ser um dos dispositivos de *hardware* que compõem um *kit* de computação forense, pois possibilita a conexão de vários dispositivos, especialmente em situações nas quais a quantidade de portas USB de um computador – principalmente em *notebooks* – é bastante limitada.
5. Embora o arquivo não contenha os mesmos dados que tinha antes da compactação, muitas vezes isso não é perceptível de maneira significativa, já que o processo não é realizado aleatoriamente. Dessa forma, a imagem recriada pode manter a informação original que buscamos durante a investigação.

Questões para reflexão

1. Uma "limitação" referente aos arquivos *bitmap* (BMP) diz respeito ao fato de que, por não serem compactados, seu tamanho é geralmente grande, razão pela qual são inadequados para a transmissão via internet.
2. Sim. Quando examinamos o cabeçalho de um arquivo com um editor hexadecimal, conseguimos identificar seu tipo. Por exemplo, se os dois primeiros caracteres forem "BM", significa se tratar de um arquivo de imagem do tipo BMP.
3. Quando for preciso fornecer cópias de provas para investigadores e outros envolvidos, estas deverão ser armazenadas em discos do tipo DVD-R ou CD-R, que permitem apenas a leitura dos arquivos, ainda que o *software* utilizado para visualizar as imagens possibilite a edição.

Capítulo 5

Questões para revisão

1. Em relação aos dispositivos finais, que normalmente são os alvos dos atacantes, além de computadores e *notebooks*, podemos incluir impressoras, telefones IP, aparelhos celulares, *tablets* e muitos outros. Hoje, com a disseminação da Internet das Coisas (IoT), há uma infinidade de novos dispositivos finais conectados à rede, tais como sensores, atuadores e dispositivos de controle. Um exemplo é a Alexa, um dispositivo de controle de automação residencial interativo lançado pela Amazon.
2. b. Quanto à sua ação, o vírus precisa ser executado pelo usuário a fim de causar o dano para o qual foi programado. Assim, é o próprio usuário que ativa o vírus. Por isso, é fundamental nunca abrir arquivos de origem desconhecida ou executar programas provenientes de fontes duvidosas.
3. d. O objetivo do *grey hat* é invadir redes ou sistemas sem o consentimento do alvo, porém sem a intenção de causar danos. Ao encontrar vulnerabilidades, o *hacker* as comunica ao alvo sendo que, e em alguns casos, pode receber uma recompensa financeira por seu trabalho.
4. a. A estratégia do *phishing* consiste em direcionar o usuário para uma plataforma específica, tipicamente um *site* falso, no qual serão solicitadas informações pessoais, as quais incluem dados de cartão de crédito.
5. Para garantir a integridade das informações, um método bastante interessante diz respeito à geração de um *hash*, que permite validar os dados contidos em um arquivo ou em uma mensagem.

Questões para reflexão

1. Sim. Mesmo que tenham uma arquitetura enxuta (o que dificulta a execução de códigos anexados aos programas), os *smartphones* devem contar com um *software* antivírus. Isso porque as

ferramentas de segurança atuais vão além da tradicional função de um antivírus; sendo assim, aplicativo para *smartphone* também pode proteger contra outros tipos de *malware*.
2. A primeira etapa do ataque refere-se ao envio de uma mensagem – que pode ser um *e-mail* ou uma mensagem – contendo um *link* para um *site* falso. Nesse caso, a principal recomendação de segurança é jamais clicar em um *link* recebido, principalmente se sua origem for desconhecida.
3. A utilização exclusiva de um *hash* para verificar mensagens não garante proteção contra ataques do tipo *man-in-the-middle*, pois o *hacker* pode simplesmente gerar um novo *hash* da mensagem capturada e alterada para, posteriormente, enviá-la ao destinatário juntamente com o novo *hash*.

Capítulo 6

Questões para revisão

1. Um dos primeiros dispositivos utilizados para a codificação das mensagens foi a Cifra de César, que consistia em um cilindro em cujos anéis as letras do alfabeto eram dispostas. A codificação das mensagens ocorria por meio do deslocamento desses anéis de acordo com uma regra de alinhamento específica, o que resultava na transposição das letras e gerava o texto codificado.
2. d. No método de cifragem de blocos *electronic code book* (ECB), caso dois blocos originais sejam idênticos, os blocos criptografados gerados também serão iguais, o que representa uma fragilidade do algoritmo, à medida que facilita o processo de decodificação dos dados, já que padrões repetitivos podem ser identificados facilmente.
3. b. O algoritmo 3DES realiza três operações de criptografia e descriptografia e emprega até três chaves distintas. Assim, é menos provável que um ataque de força bruta seja bem-sucedido, pois *hacker* precisará executar três operações separadas e considerar

múltiplas chaves. Dessa forma, a quantidade de tentativas necessárias para quebrar a criptografia será muito maior, tornando o ataque significativamente mais complexo e demorado.
4. O *hash* criptografado, gerado com a chave privada e enviado com a mensagem, somente poderá ser descriptografado com a chave pública do remetente. Isso garante que o *hash* realmente tenha sido gerado pela chave privada do remetente e impede a criptografia da mensagem com outra chave. Além disso, esse processo também assegura que o remetente não poderá negar a autoria da mensagem, pois a criptografia com a chave privada é única e vinculada a ele.
5. c. O terceiro elemento envolvido no processo de autenticação do usuário deve ser uma instituição com credibilidade pública, tais como as diversas autoridades que emitem documentos físicos de identificação. Essas instituições, chamadas de *autoridades certificadoras*, validam a autenticidade do certificado digital e asseguram a veracidade das informações e a identidade do titular do certificado.

Questões para reflexão

1. Ao utilizarmos o processo de criptografia assimétrica, empregamos uma chave local para criptografar os dados, enquanto o receptor da mensagem usa uma chave diferente para a descriptografia. Assim, com o intuito de aumentar a segurança do processo, os algoritmos de criptografia assimétrica aplicam chaves maiores, justamente porque uma das chaves, a chave pública, será de conhecimento geral.
2. O algoritmo *advanced encryption standard* (AES) pode ser executado no mesmo *hardware* que os algoritmos de criptografia DES e 3DES, oferecendo um desempenho superior. Por conta disso, é fundamental adotar o AES como padrão para a criptografia simétrica, já que ele garante maior segurança e melhor desempenho sem exigir um aumento significativo na capacidade computacional dos dispositivos.

3. O certificado digital inclui a chave pública de seu proprietário, com a qual é possível criptografar todas as informações enviadas ao titular do certificado, o que assegura a confidencialidade das informações. Logo, caso as mensagens sejam interceptadas por um *hacker*, ele precisará da chave privada do destinatário para descriptografá-las. No entanto, esta é conhecida apenas pelo proprietário do certificado digital, o que garante a segurança da comunicação.

sobre o autor

Luis José Rohling é mestre em Engenharia Elétrica (2017) pela Universidade Federal do Paraná (UFPR), graduado em Engenharia Industrial Elétrica (1997) pela Universidade Tecnológica Federal do Paraná (UTFPR) e técnico em Eletrônica (1986) pelo antigo Centro Federal de Educação Tecnológica do Paraná (Cefet). Atualmente, é professor de pós-graduação na Pontifícia Universidade Católica do Paraná (PUCPR), bem como dos cursos de Tecnologia na modalidade telepresencial no Centro Universitário Internacional Uninter, além de ser coordenador do curso superior de Tecnologia em Gestão da Segurança e Defesa Cibernética na mesma instituição. Além disso, também atua como engenheiro de telecomunicações, possui ampla experiência no segmento de TI/Telecom em consultoria, projetos, treinamentos, gestão de equipes e desenvolvimento de produtos e negócios nas áreas de telecomunicações, manutenção e operação de redes, infraestrutura de redes e TI, segurança cibernética e educação.

Impressão:
Março/2025